小学教育发展新论

孙百娥等 著

九州出版社 JIUZHOUPRESS | 全国百佳图书出版单位

图书在版编目（CIP）数据

小学教育发展新论 / 孙百娥等著. -- 北京 : 九州出版社，2019.3
ISBN 978-7-5108-7947-0

Ⅰ. ①小… Ⅱ. ①孙… Ⅲ. ①小学教育—文集 Ⅳ. ①G62-53

中国版本图书馆CIP数据核字(2019)第054487号

小学教育发展新论

作　　者	孙百娥等　著
出版发行	九州出版社
地　　址	北京市西城区阜外大街甲 35 号 (100037)
发行电话	(010)68992190/3/5/6
网　　址	www.jiuzhoupress.com
电子信箱	jiuzhou@jiuzhoupress.com
印　　刷	北京九州迅驰传媒文化有限公司
开　　本	787 毫米 ×1092 毫米　16 开
印　　张	13.5
字　　数	200 千字
版　　次	2019 年 3 月第 1 版
印　　次	2019 年 3 月第 1 次印刷
书　　号	ISBN 978-7-5108-7947-0
定　　价	58.00 元

序　言

国之大计，教育为本；教育大计，基础为要；基础教育是教育体系的起始环节和重要阶段，其质量高低直接关系着教育系统的整体质量，影响着学生的未来发展。十八大以来，党和国家更加重视基础教育工作，尤其在小学教师教育、学科教学等方面提出了诸多重要指导性意见。2012年，为构建教师专业标准体系，建设高素质专业化教师队伍，教育部研究制定了《小学教师专业标准（试行）》；2017年，为规范引导师范类专业建设，建立健全教师教育质量保障体系，不断提高教师培养质量，教育部印发了《普通高等学校师范类专业认证实施办法（暂行）》；2018年，根据《中共中央国务院关于全面深化新时代教师队伍建设改革的意见》（中发〔2018〕4号）的决策部署，按照国民经济和社会发展第十三个五年规划纲要及国家教育事业发展“十三五”规划工作要求，采取切实措施建强做优教师教育，推动教师教育改革发展，全面提升教师素质能力，努力建设一支高素质专业化创新型教师队伍，教育部等五部门关于印发了《教师教育振兴行动计划（2018—2022年）》；教育部发布了《关于实施卓越教师培养计划 2.0 的意见》（教师〔2018〕13 号）；等等。

在各类政策意见的指导下，广大小学教师教育工作者开展了全面深入的学习，实施了富有特色的探索，取得了令人欣喜的成绩，总结了可资借鉴的经验；为扎实推进我国小学教师教育改革发展提供了重要支撑；基于深入研究和创新探索，形成了系统性强、理论性高，极具实践指导作用的成果集锦；彰显出以下特点：

标准导向探索深入。标准具有规范行为、判断结果和引领发展的重要作用，是确保教师教育质量，加强国际交流，实现教师教育科学和可持续发展的重要保障。本成果研究探索紧扣教师教育的最新标准，开展了当下教师教育行为的回顾与审视，提出了基于《标准》的小学教师核心素养培育的价值取向，对基于《标准》的规训意图如何落地展开了研讨，对《标准》理念下的教师社会化进行了研究分析，形成了基于标准的理论框架和实践体系。

核心素养备受关注。“核心素养”是目前国际教育研究热点，亦是专家学者们讨论的重要内容。2014 年，《教育部关于全面深化改革落实立德树人根本任务的意见》指出，要“根据核心素养体系，明确学生完成不同学段、不同年级、不同学科学习内容后应该达到的程度要求，指导教师准确把握教学的深度和广度，使考试评价更加准确反映人才培养要求。”这一文件的发布，为小学教师教育改革提出了新的要求；“核心素养”的研究现状及可开拓空间是什么？基于小学教育专业本科生核心素养培养体系构建、核心素养视域下的小学教育专业课程设置、核心素养背景下学科教师培养着力点，以及不同国别核心素养的小学教师教育的比较研究颇受关注，并取得了一定研究成果和探索成效。

教学创新与时俱进。教学是提高教学质量的关键环节，是教育教学改革的重要抓手和主要内容。针对小学阶段课堂教学的特殊性，结合当下教学改革的先进理念和重要元素；广大教育工作者在学科教学中开展了与时俱进的教学改革，对新媒体时代教学优劣势进行了系统分析，提出了信息技术与课堂教学融合的层次策略；针对不同学科教学特点和儿童认知规律，对小学生学习难点、教学运行的堵点、改革创新的重点进行了全面剖析；同时借鉴了不同国家小学教学改革的成果经验，推进了我国小学教育教学发展。

培养模式关照转型。主要表现为培养小学教师由本科层次向硕士层次转型提升；培养具有职业胜任力的研究型小学教师是小学教育专业硕士培养关注的重要内容。2009 年，教育部设立全日制教育硕士专业学位类别，旨在培养掌握现代教育理论、具有较强教育教学实践和研究能力的高素质小学教师。十年来，培养硕士层面的小学教师积累了丰富经验，但同时也存在着课程模块结构失衡，教学方式单一，实践教学环节薄弱等诸多问题；针对培养中的问题，学者们通过深入研究和创新探索，提出了卓有成效的对策建议，有力推动了小学教育专业硕士人才培养模式的转型发展。

本研究是集体智慧的结晶，同著分别为：第一章，孙百娥、姚玉香、纪国和、卢丽华、庞国彬、刘志敏；第二章，李中国、刘霞云、苗光宇、林晓茜、郭艳春、王萍；第三章，李中国、龙海霞、杜尚荣；第四章，刘慧、陈威、张曲兵、唐旭阳、俞爱宗、金哲华、王宁；第五章，刘美，张思宇。本书在编撰过程中参考和借鉴了许多前辈和同仁的研究成果，在此一并致谢！

孙百娥

2018 年 12 月于致远楼

目　录

第一章　小学卓越教师的理论与实践

第一节　小学教育专业培养模式透视

随着教育事业的发展，国家和社会对于小学师资的学历层次及其素质诉求不断提高，2002 年小学教育本科专业被正式列入国家教育部设置的本科专业目录，小学教师的培养也被正式纳入到高等教育体系中。截至目前，全国开设小学教育专业的高校达 200 余所。历经十余年的发展，无论在其培养模式、专业定位还是课程设置方面，小学教育专业都迈向了新的发展阶段。

我国教师教育的理论研究者与实践工作者们针对教师培养过程的缺陷与不足做了诸多探索，力图从理论与实践的层面上促进教师培养模式的改革、创新与发展。从下列成果略见一斑：梁忠义、罗正华主编《教师教育》（1998 年）；刘捷著《专业化：挑战 21 世纪的老师》（2002 年）；张传燧著《教师专业化：传统智慧与现代实践》；黄甫全编著《新课程中的教师角色与教师培训》（2003）；陈永明等著《教师教育研究》（2003 年）；教育部师范教育司组织编写《教师专业化的理论与实践》；黄葳著《教师教育体制国际比较研究》（2003 年版）；肖川主编《教师：与新课程共成长》（2004 年）；梁明江编著《师范院校办学模式发展的趋势》（2004 年）；刘清华著《教师知识的模型建构研究》（2004 年）；朱小蔓、竺佐领主编《新世纪教师教育的专业化走向》（2004 年）；郭志明著《美国教师专业规范历史研究》（2004 年）；刁培萼、吴也显著《智慧型教师素质探新》（2005 年）等。上述著作从不同侧面探讨了我国教师的素质、特性、类型，教师培养目标、方式、方法，教师教育改革状况、培养模式；对当下教师教育学科和课程建设，创新教师培养模式提供了诸多宝贵经验。

模式研究是一种重要的社会科学研究方法，用模式法研究教育问题在教育科研中十分常见。关于教师培养模式的探讨是近年来教师教育研究的热点之一，在《教育研究》《教师教育研究》等权威期刊上多有相关文章出现，在教师教育的相关著作中也可以找到一些教师培养模式方面的理论性论述，颇有借鉴意义。[①]

然而，在高师院校源源不断地为我国基础教育领域输送后备人才的同时，却出现了部分小学教育专业学生学历层次高，但无法胜任小学教师工作的现象，或者说专业知识、专业技能、专业精神、伦理道德等方面无法满足新时期国家对于小学教师的要求。究其原因，小学教育本科专业培养模式缺乏指导，课程设置有待优化，培养方式需要规范，培养质量尚需提高。

一、小学教育专业培养模式描述与分析

培养模式的本质是“培养什么样的人”和“怎样培养人”的问题，它规定了人才培养的目标、机制和过程，内含教育观念、培养目标、培养规格、培养方式和课程设置等方面。纵观当前地方院校现有的小学教育专业开设情况，根据培养目标来分类，主要有以下三种模式：“综合模式”、

① 李中国 . 综合实践型教师培养模式研究 [M]. 山东人民出版社，2013：4-5.

"综合 + 专长模式"、"分科模式"；根据培养过程来分类，主要有"ESR 培养模式"、"教研训习"四位一体模式等。

（一）按照培养目标分类

1. 综合模式

综合模式培养方案是在中等师范学校培养小学教师模式的基础上延伸出来的，以培养全科型小学教师为目标，侧重于学生综合能力的提升，淡化学科方向，强调文理艺渗透，旨在培养适应面广、对小学各个学科都有涉猎、能胜任多学科教学的复合型小学教师。在课程设置上，通识类课程较多，以小学的各门学科课程和教育教学理论课程为主，广泛学习与小学学科相对应的课程内容知识和学科教学法，强调基础理论教学和知识的广泛性。

此种模式下培养的学生，知识面广，专业技能较高，普遍具有较强的从师能力，在小学教师岗位上可以承担两门以上学科的教学工作，教学基本功过硬，适应能力强，能很快成为所在小学的教学多面手和教学骨干。但这些学生往往缺乏学科专长，对知识学习的深度不够，专业发展空间较小。

2. 综合 + 专长模式

所谓"综合 + 专长模式"，就是依据小学课程综合化的趋势，承认小学教师素质的综合性，培养具有全面素质的小学教育专业学生。这种模式的课程设置主要表现为在公共基础类课程、教育理论课程和学科专业课程有机综合的基础上有所侧重，每个学生确定 1 ～ 2 个学科作为专长发展领域，通常侧重语文、数学、英语三门学科。

此种模式一方面使学生形成全面丰富的知识结构，为学生发展建立广阔的职业发展平台，培养能从事小学多门课程教学的小学教师；另一方面使学生具有学科专长和发展潜力，为学生专长教学小学语文课程、数学课程或英语课程打下基础，使学生在具备丰富的教师综合素养的同时，又能学有专长。

3. 分科模式

分科培养模式是在借鉴旧有的中学教师培养方案的基础上，通过研究小学现有学科，来开设不同的专业方向课进行分科培养的模式。其目标是培养能胜任某一学科教学的小学教师，认为专业化的小学教师应具有专门的知识与技能。这种根据小学开设的具体学科来设置专业方向的模式，适应了当前小学中各科教师明确的专业分工设置。

此种模式培养出来的学生，掌握了特定的专业知识，形成了较完整的知识结构，学科素养较高、优势明显，专长于这门学科的教学。但依然存在知识面较窄、教学能力不强、缺少多学科的教学能力等问题，难以适应小学课程综合化趋势和小学多学科教学的实际需要。

（二）按照培养过程分类

1. ESR 培养模式

大连大学师范学院构建的 ESR 模式里，E 是体验、经历的意思，是指从大一到大四，学生每学期都要到小学里进行一定的教育体验活动，包括邀请教育科研人员为学生讲授小学教育改革的动态、参加小学教师的教育研讨会、参加教育见习、实习等实践活动，让学生体验教学的方法、教学技术和教育教学的艺术、教师的思维方式、教育观念和教育风格类型等；S 是讨论会、论坛的意思，指的是一种课堂讨论的形式，是在教师指导下学生进行的讨论活动；R 是研究、探索的意思，是指学生通过研究各种教育问题，提高自己的理论水平，从自己的经验中学习，进一步优化自身的体验。

ERS 模式就是在一种“体验—讨论—研究—再体验—再讨论—再研究”螺旋式上升中进行的。此种模式较为关注学生对小学一线教育实践的感知和体验，在体验中认识自我，认识教育，认识社会，并从实践中发现问题，进而通过研讨提出解决问题的对策，注重培养学生解决教育实践问题的能力。

2. “教研训习”四维一体模式

“教研训习”四维一体模式中，“教”指对教育教学理论的学习，通过基础理论类课程，使学生形成特定的学科专业知识和教育专业知识；“研”指对学生研究能力的培养，通过研究能力类课程，使学生具备教育教学研究和学科专业问题研究的能力；“训”指对学生形成教育理念的培养，通过理念引领类课程，潜移默化地培养学生的教育理念素养；“习”指对学生实践能力的培养，通过实践能力类课程，使学生将理论和实践相结合，形成教育教学的基本实践能力。

“四维一体”模式间既相互区别又相互联系，各自具有特定的教育活动载体，共同指向所要实现的最终目标，在本质上仍然是一种综合模式。[①]它注重学生综合素养的提升，不仅关注学生教学理论、研究能力、教育理念、实践能力的培养，同时强调将理论与实践相结合，引导学生学以致用，运用所学教育理论指导教育教学实践。

二、小学教育专业培养模式中存在的问题[②]

教育改革的整体性、教师配置的先进性要求基础教育课程改革所需师德，要与基础教育改革同步配置，且小学课程综合化趋势便培养全科教师成为大势所趋。从几所地方院校的培养模式来看，主要存在以下共性问题：培养目标过于笼统抽象；课程结构体系不完善；教育实践设计与实施不完全合理等。

---

① 秦启轩:《本科小学教育专业人才培养模式探析》，集美大学学报，2012（7），13（3）：1-5.

② 李中国 . 综合实践型教师培养模式研究 [M]. 山东人民出版社，2013：13-21.

（一）培养目标及培养规格不明确

培养目标过于强调教育教学的基本知识和基本技能，对学生的专业认同和从教信念缺乏引导，导致学生的职业认同感普遍偏低。以 XX 大学为例，其培养目标定位为："培养具有德、智、体、美全面素质，掌握小学教育专业基础知识、基本理论和基本技能，具有良好的教育理论素养和一定的教育教学实践能力，能够在小学从事教学与教学研究的教师和教育管理人员。"此培养目标并未强调培养学生的专业情感。且现存的培养规格较为抽象、模糊，未能对培养目标做出清晰的、可操作性的说明。例如培养目标谈及培养学生的教育研究能力，但并未在培养规格中体现出对于教育研究能力的具体标准和要求。

（二）课程结构体系不完善

1. 从课程内容上看，课程内部结构不尽合理

（1）公共必修课集中于思政类课程

小教专业开设的通识教育类课程通常分为四大类：自然科学类、人文社科类、艺术体育类、教育教学类，除了大学英语、大学体育、计算机基础与应用外，通识类的政治理论课占了很大的比例，主要包括马原、毛概、史纲、思修与法基等方面的政治理论课，而其他通识课程开设的则很少，对自然科学及人文、社会科学方面的课程不够重视，基本没有涉及到。而小教专业的学生在实际学习的过程中普遍比较重视提高自身的自然科学和人文社会科学素养，以及新时代所必需的外语和计算机水平，而对于思想政治教育类课程则不太重视。

这种过于强调政治理论课的课程设置，造成了学生对人文和自然科学知识的了解匮乏、学生自身的文化素养和专业素质不高，这与培养目标中侧重培养学生具有宽广的知识面和宽厚的基础不相符。因此，通识教育类课程有必要按照学生的需求进行必要的调整。

（2）学科专业课程分科过细，缺乏整合

学科专业课程依据小学的课程设置来开设，种类多、体系庞杂，课程之间的联系不密切、缺乏整合，学科内容之间零散、交叉重复，容易造成学生所学知识单一，学科基础不扎实、专业能力较弱，不能适应新课程改革的要求。

（3）教育类课程理论脱离实际，实用性不强

小学教育本科专业开设的教育类课程内容陈旧或过于注重理论体系，与小学教育的发展实际相脱离，缺乏针对性，致使学生所学知识严重滞后于教育的实际发展，使学生将来在遇到复杂的问题时感到棘手、难以应付。所以，小学教育本科专业的教育类课程需增强与实际的联系，以便能切实地指导教育教学实践。

（4）重学科课程知识而轻教育理论课程

随着人们对学科专业课程的重视不断提高，在课程体系中，学科专业课程所占比重不断加大。相比较而言，教育类课程门数少，占比相对较低，且学时短，远低于学科专业课程。

2. 从课程形式上来看，必修课与选修课的比例与时间安排不太合理

从小教专业的课程体系结构来看，必修课过多，学时比例占到 80%；选修课过少，学时比例只占 20% 左右，相对较少。必修课和选修课在各学年的分配也不尽合理，大部分必修课都安排在第一、第二学年，只有少数几门课安排在第三学年，几乎所有的选修课都集中在第三学年和第四学年。

3. 从课程类型上来看，理论课与实践课比例失调

教育实践课程的设置比例远远低于教育理论课，学时比例较低，而且实践的时间较晚，形式过于单一，往往只在第七、八学期安排两个月左右

的教育实习活动，远低于世界某些国家一到两年的教育实习时间。短暂的实践很难使学生对小学教师的职业特点形成深刻的理解。

（三）教育实践设计与实施不完全合理

1. 教育实践内容缺乏系统性和全面性

实践内容过于单一，主要局限于教学活动，其他专题性实习内容，如小学生的日常管理、班队会活动、班级管理、与家长的交流和沟通、心理健康教育等，在实践中学生几乎没有机会接触和学习，教学活动有时甚至也无法完全得到保证。

2. 教育实践过程中缺乏必要的指导和评价

在实习期间，高师院校为实习生安排的实习指导教师很少能够真正地全程参与、跟踪指导学生，有的学校甚至只有带队教师，并没有给学生安排指导教师。对于学生实习期间的表现，往往也只是形式性地给个实习评语，并不能真正起到指导作用。

3. 学生实践效果差

由于教育实践时间少，教育调查、教学观摩、模拟教学活动等较少，学生并不能真正地了解小学，了解小学生的心理特点和学习情况，因而在实践中往往表现出在课堂驾驭能力、教学技能、教学手段、教育机智等方面的欠缺，实践效果差。

此外，教育实习偏晚且集中，流于形式。多数高师院校将为期两个月的教育实习安排在大四学年，实践时间短促且过于集中，况且临近毕业，学生面临着找工作、考研升学等多重干扰，这在一定程度上影响了教育实习的质量，使教育实习流于形式。且某些高师院校尚未与相应的小学建立相关的实习基地，或者部分学校虽已建立一些实习基地，但还未完善，不能与高校通力合作，为学生提供充分的教育实践机会。

三、对进一步完善小学教育专业培养模式的思考

依据教师专业素养、中国学生发展六大核心素养、小学课程综合化要求，从小学教育专业培养目标、课程设置、教育实践、科研训练四个主要方面提出进一步完善小学教育专业培养模式的思考。

（一）制定合理的培养目标和规格

首先，培养目标需符合小学课程综合化对教师的要求，同时要考虑到本科学历小学教师的核心素养要求，可从教育理念、专业知识、专业能力、专业道德四个方面来确定。同时要将小学教师的专业发展与新时期中国学生发展六大核心素养相结合，培养符合社会所需的全科型小学教师。其次，在制定培养规格时要考虑到现实性和可操作性，针对培养目标要求的四个方面提出具体的标准和要求，同时还应完善与培养目标相对应的课程体系，以体现高师院校小教专业的办学特色。

（二）改革课程设置，优化课程体系

合理编排、组织课程内容，优化课程设置。注重使学生掌握教学学术与文化研究、教学能力与方法研究、教学质量与评价研究动态和趋势，[①]具备先进的教育教学理念和教育研究能力；重视教育类课程，由于小学教育所具有的启蒙性、基础性特点，及小学生身心发展的特殊性，这就要求小学全科教师掌握系统的儿童教育、心理学科专业知识，因此有必要加强此类课程的学习，增强师范性；注重整合教育理论课与教育实践课，加强与小学教学实际的联系，更好地服务于课程实施；正确处理必修课和选修课的关系，增强灵活性，按模块对选修课进行重组，在课程组块内通过规定相应的学分，对学生选习的选修课数量和方向做适当调节，使课程系统具有选择性和导向性，保证学生综合素质的全面提高。

---

① 李中国，黎兴成．我国高校教师教学研究的热点状况分析——基于 2005-2015 年 CNKI 文献的共词分析 [J]. 教育研究，2015（12）.59-66.

（三）注重教育实践环节

首先，强化实践性课程，构建系统、全面的教育实践环节。在培养方案中纳入各种具有教育实践价值的活动，比如入学教育、社会实践活动、试讲与微格教学、教育见习、教育实习、学术研究、毕业论文、就业指导等，保证学生在 4 年中不间断地进行教育教学实践，以使学生接触并了解基础教育实际，在教育教学的各个方面得到锻炼。其次，分散教育见习、实习。见习最好是全程浸入式的，即四年间不间断地到小学开展见习活动，且每次开展不同主题的见习活动；把两个月的毕业实习分散为两次进行，即在第一次教育实习过程中使学生对小学教育教学工作有一个初步的感知和体验，发现并总结出实习过程中所遇到的问题，以便第二次实习更有针对性。再次，加强对教育实践的指导与评价。指导教师要到位，切实指导实习生教学工作的每一个环节，并结合实习报告和实习学校的鉴定意见予以综合评价。最后，建立完善的实习基地，构建高校与小学协同合作的互动关系。一方面，高师院校充分利用实习基地，让学生四年里都能不间断地在小学学习，始终跟随小学教育发展实际，毕业后缩短适应期和专业成长的周期。另一方面，聘请小学优秀教师来高校教授有关课程，建立起大学、小学两支教师队伍。比如教学设计、班队工作、小学德育等操作性课程由小学一线优秀教师来进行示范性讲授。

（四）注重教育科研训练

首先，通过教育研究方法课程的学习，使学生初步具备教育科学研究的基本能力，形成科研意识；其次，加强学生在教育见习、实习中对教育科研讲座、会议的积极参与，感知教育科研的基本规律；再次，通过课题研究将理论学习与实际训练相结合，让学生亲历课题研究，训练科研思维，提高研究能力；最后，注重论文写作，引导学生为将来成长为研究型教师打下基础。

第二节　小学卓越教师的师德培养

习近平总书记曾说："一个人遇到好老师是人生的幸运，一个学校有好老师是学校的光荣，一个民族源源不断地涌现出一批又一批好老师则是民族的希望。"习总书记还倡导全国广大教师要做有理想信念，有道德情操，有扎实知识，有仁爱之心的"四有好老师"。教育部启动的"卓越教师培养计划"对广大教师提出了更高层次的要求，而作为将要执教在基础教育第一线的高师院校师范生来说，更要坚定信念，争做新时期的"卓越教师"。对于小学阶段的学生来说，教师的榜样作用是无穷的，教师的言行举止，处世之道，都会潜移默化地对学生产生长久乃至终身的影响。只有加强职前师德培养，师范生在走上工作岗位之后，才能更加投入到教书、育人当中，真正做到学高为师，身正为范。尤其是卓越的小学教师，一定是德才兼备的师者。而作为未来教师的培养基地的广大高师院校，身兼培养未来教师的重任，如何才能培养出对社会、对教育事业有贡献的未来教师，是永恒的课题。

一、为师德高：小学卓越教师职业的现实要求

（一）教师专业化要求加强师范生的师德教育

教师专业化意味着教师职业的发展是一个不断前进的过程，表明师德的培养并不是一蹴而就的，也不是自然习得的。师德教育是一件越早越有利的事情，师范生在职前就能够接受系统的师德培养，具备一定的师德意识，并随着年级的增长和全程"体验式"的师德陶冶，不断巩固自己的师德意识，养成良好的师德行为，在走上工作岗位之后，结合具体的师德实

践，方能自觉地将师德实践内化为自己的师德习惯，通过三位一体的育人模式、即德育为先、技能导向、实践为主的产、教、研融合模式、专业设置对接性产业发展，课程设置对接岗位，要求实现教师的“职业道德”向教师的“专业道德”转变的过程。[①]

（二）教师教育一体化理念对师德教育的诉求

教师教育不单是对在职教师的培训，真正意义上的教师教育应该是从师范院校对师范生的职前培养开始的。高师院校对师范生的职前培养，是教师教育的起点，更是师德教育的开端。同时，师德教育应该是贯穿整个师范生培养体系之中，渗透在各学科教学之中的，这才是教师教育一体化真正的内涵。由此，师范生的职前师德培养是教师教育一体化不能被割裂的重要部分。

（三）师德是教师素养的重要组成部分

学者们对教师素质结构的研究大致可分为三个方面：知识方面、能力方面以及情感方面。对于小学卓越教师的素质结构，有研究者对小学教育专业卓越教师素质结构的界定，即专业精神，包括职业道德、专业情感和个性品质。专业精神是小学卓越教师素质结构的核心，制约着知识结构和能力结构的发展。专业精神是教师高度投入、高度负责的工作状态和心灵状态。专业精神包括职业道德、专业情感和个性品质三个要素。

一名卓越的小学教师，首先要热爱自己的教师职业、热爱教育事业，对教师职业有高度的认同感和使命感，将自己的全部热情投入到教书育人当中。其次，要热爱学生，将学生的成长放在首位，以学生的身心发展为出发点。个性品质是专业精神中重要的组成部分，教师是言传身教的典范，是学生学习和模仿的重要对象，教师的一言一行、处事方法和对生活

---

① 李中国，黎兴成．职业教育扶贫机制优化研究 [J]. 国家教育行政学院学报，2017（12）：88-94.

的态度都会潜移默化的对学生产生深远的影响，尤其小学教育的对象是身心发展尚不成熟的儿童，教师的榜样作用更是无穷的。

二、挖根溯源：师德培养存在问题及分析

近年来，师范生的职前师德教育得到重视和加强，也已取得了一定的成果，但问题依然严峻，亟待解决。

（一）存在问题

1. 师德培养目标虚无，内容空洞

近年来，高师院校逐渐加强了对职前师德培养的重视，在培养目标中明确提出了对师德教育的要求，然而大多停留在了口号式的层面上，缺乏具体的行动或没有产生明显的效用，师德教育“假、大、空、远”的现象并未根除。相对于高师院校对教师职业技能的大力培养，这并非真正意义上的对师德培养的足够重视。师德的培养是一个不断深入、不断强化的过程。当前本科阶段的师德培养仍然是以课程为依托，辅之显性教育与隐性教育相结合，然而部分高师院校的课程仍然强调“老三门”，师德教育只是其中的一个章节或渗透在其他课程当中，所占课时比例非常小。个别学校如华南师范大学、杭州师范大学等将教师职业道德单独设置了必修课程，但还只是个别现象，并未得到普及。部分高师院校将思修、毛概等思想政治教育课当作师德教育课程，殊不知思想政治教育课只能教育大学生如何成为合格的公民，却不能让师范生获得教师职业道德教育。由此一来，师范生的师德培养既不深入，也没有得到强化。缺少了师德课程的支撑，师德培养难免陷入了“荒漠化”的境地。

师德的培养形式也应顺应社会的飞速发展，与时俱进，及时更新。然而当前高师院校的师德培养普遍存在脱离社会道德实际，单纯依靠课程进行教育。正如笔者所说，师德培养应是显性和隐性的结合。单纯的知识灌

输和死板的教学方法，可能不但不能达到对师范生进行师德培养的目的，反而会引起师范生的反感，失去学习的兴趣；此外，教育实习形式化、时间短。对于师范生的教育实习当下理论主张“高校、地方政府和小学校”三位一体的协同培养模式，但由于缺乏经验和实践过程中的偏颇，未免有些形式大过内容的因素。

2. 学生师德意识薄弱，表现不佳

市场经济体制和多元价值观引领下，大学已不再是独立于社会生活之外的“象牙塔”，校园里的师生或多或少都受到社会上各种歪曲或消极观念的影响，从而转变自己的观点或行为，导致师范生自身产生种种师德问题，使得高师院校师范生的职前师德培养面临挑战。

师范生的师德知识和师德意识呈现令人堪忧的现状，大部分师范生对《教师职业道德规范》还不甚了解，无法完整准确地说出规范所要求的内容。并且师范生普遍缺乏钻研师德的精神，师范生接受师德培养的意识也较为薄弱，作为师范生，没有充分认识到职前师德培养的重要性和必要性。没有感受后与之有密切关系的道德体验，因此道德培养效果不佳。[①]

（二）原因分析

高师院校师德培养存在的问题是多方面的，是社会、高师院校和师范生自身综合作用的结果，可以从以上三个方面进行原因分析。

1. 多重社会因素导致师德滑坡

市场经济体制提倡按劳分配，多劳多得的观念在人们心里已根深蒂固。人们已经理所当然地认为付出是要得到回报的，并且默认这种回报应该是金钱上的或者是物质上的，不图回报无私奉献的事迹人们赞扬且倡导，但是落实到具体的人上不免有人望而却步。然而教师职业道德要求教师无私奉献、诲人不倦，要求教师“燃烧自己，照亮他人”。这与市场经

① 李中国 . 教师角色转换中内涵性特征的缺失与补救 [J]. 教育研究，2018（6）.

济体制下的“按劳分配，多劳多得”的观念产生冲突，难免会引发师范生的思想矛盾，进而对师范生的师德教育产生影响。

我国的传统观念是集体利益高于个人利益，先人后己。而资本主义的功利主义和享乐主义观念传入我国后，师范生的传统观念和新观念产生冲突，使得师范生在接受师德教育过程中产生犹豫和矛盾：既觉得应该先人后己，却又认同功利主义所倡导的最大快乐值；既认为应该吃苦在前，享乐在后，却又满足现状，不思进取。如此的观念冲突，引发了师范生的矛盾，也使得师范生的职前师德培养遇到挑战。

2. 对师范生师德培养舍本逐末

大部分高师院校对于培养目标的提出，能够明确要培养出德、智、体、美、劳全面发展的当代大学生的培养目标，但是在实施过程中不免走向了形式化，缺乏具体可参照的培养目标，导致课程设置和师德培养失去方向。相反，高师院校的人才培养反而更加注重师范生职业技能的培养，教学方法、微格教学、课程论、说课大赛、三笔字大赛等形式层出不穷。

师德培养过程缺乏整合，师德课程之间缺少衔接和层次，并且教学方法以讲授为主，以理论的灌输为主，缺乏学生的实践体验，导致职前师德培养重理论轻实践的现象比较普遍。师德的评价相对于教师职业技能更加隐性难以量化，而现有的师德评价标准大都模糊宽泛，对于师德的评价也都停留在表面，并且因与道德的界限不明显而缺乏了其师范性。

3. 学生认识不足，意识欠缺

由于生活条件的丰厚和家庭环境改善使得部分师范生的自我意识增强，一直以来所倡导的集体主义、奉献精神被功利主义、享乐主义所充斥。部分师范生不能正确认识自身所要肩负的责任，更不认同集体利益高于个人利益，缺乏爱岗敬业精神和奉献精神。而作为“春蚕到死丝方尽，蜡炬成灰泪始干”的教师来说，正是需要这种“燃烧自己，照亮他人”的奉献精神的职业，如此不坚定的职业理想，很难使师范生在入职后真正做到关爱学生、教书育人。近年来，师范生对教师职业的职业理想和职业信念不够坚定，不难想象师范生在入职之后，因为种种原因而放弃教师职业，这不但使师范生接受了多年的职前师范教育无处施展，更是高师院校职前师德教育的资源浪费。

三、小学卓越教师师德培养路径：全程陶冶与体验

全程陶冶与体验模式重在其全程性，即师范生的整个职前教育都贯穿师德培养的内容。

（一）确定目标：完善师德培养体系

将小学卓越教师师德培养贯穿于师范生职前培养的全过程，培养学生优良的思想政治素质和树立牢固的专业思想，是优秀小学教师所应具备的诸多素质结构的灵魂。为此，需要构建完备的师德培养体系：

一是思想教育体系。以“两课”教学为主渠道，由日常思想教育为基本环节进行理论武装和思想启迪。日常思想教育不仅是师德教育的基础，更是师范生作为公民所应具备的基本的公民意识和公民素养。

二是典型示范体系。由社会先进人物、杰出校友和学生先进人物三个层次组成，通过事迹感染，进行小学教师职业理想和道德教育，增强做一名小学教师的光荣感和使命感。典型示范体系将社会“带”进校园，通过社会先进人物和杰出校友的分享，真实感染师范生的职业理想，如此“活”的道德教育，将对师范生的思想和行为产生巨大的示范作用。

三是规范管理体系。规范的管理体系是个人思想和行动的正确指引，而非简单的一本《大学生手册》所能替代的。健全的管理制度固然是保障，还需要广泛的基础文明教育活动进行强化和支撑。规范的管理体系包

括课堂管理、活动管理、寝室管理和假期管理。

四是齐抓共建体系。齐抓共建体系强调进行多渠道育人，主张培养形式的灵活性和多渠道的培养方式。包括显性渠道和隐性渠道。显性渠道有各类目标明确内容具体的课程设置。隐性渠道则包括校园环境熏陶、班级环境布置、寝室文化、名人雕像和名人名言等。

（二）明确内容：搭建相应课程平台

师德课程不仅包括教育教学活动所必须的显性课程，还包括对师范生有潜移默化影响的隐性课程。师德课程不同于单纯的思想政治类课程，师德课程是师范生接受教师职业道德教育最重要的途径，是形成正确的师德意识最有效的来源。师德课程的设置应当具有鲜明的师范性，符合教师职业的特点，同时辅以正确的师德观导向和典型事例的宣传，使师范生随时随地受到师德陶冶。全程陶冶模式下的师德课程平台主要包括三个方面：[①]

公共课课程平台，即对学生的基本素质、修养及技能等方面进行综合教育的课程。主要设有"两课"，即马克思主义理论课和思想政治教育课，使师范生在接受系统的师德教育之前，具备良好的一般道德素养，不仅是接受职前教育的需要，更是师德教育的基础。

师德类课程平台，即培养师范生必备的师德理论知识的课程。主要包括德育理论课、教师职业道德修养、师德与教师专业发展、班级管理等课程。使师范生在职前，就能够系统地了解在职教师的日常工作内容并学习必备的师德理论知识，从中吸取经验并做好充分的准备，以便用理论指导实践。

拓展类课程平台，即拓展学生师德知识面、发展个性、完善师德知识结构的课程。包括中小学师德标兵讲座、师德教育见习、网络师德课程等

① 李中国，黎兴成．职业教育扶贫机制优化研究 [J]. 国家教育行政学院学报，2017（12）：88-94.

课程。拓展类课程是显性课程与隐性课程的完美结合，通过多种形式，给予师范生感官上的，身临其境的体验，并为学生提供多种形式的网络师德课程，使师范生在课下也能够随之随地地接受师德教育。

（三）注重过程：融贯全过程培养模式

全过程培养理念的内涵在于师范生在高师院校本科四年八个学期里，每个学期都包含师德培养的内容，将师德培养的理念贯穿于师范生整个职前师德培养的全过程当中。八个学期的师德培养内容分别概括为：

第一学期，入学教育。通过政治理论课，对师范生进行思想道德修养等一般道德教育。因为只有拥有正确的一般道德观，师德培养才能成为可能。

第二学期，围绕“做一个什么样的教师——我爱教师职业”进行师德陶冶。师范生有足够的时间思考自己的理想，制定自己的职业规划，并做好接下来的学习准备和计划，为师德培养奠定基础，为学生的职业理想指明努力的方向。

第三学期，围绕师德知识陶冶。开始进行系统的师德培养，而师德培养必然以师德知识学习为开端，师范生必须首先了解《中小学教师职业道德规范》以及其他应知应会的师德知识，并接受其他师德相关课程，进一步坚定师范生的角色认识，为更高层次的师德培养奠定认知基础。

第四学期，围绕教师职业理想，职业精神陶冶。在了解了基本的师德知识基础上，引导师范生形成自己的师德意识和师德目标，进而明确自己的职业理想，明确成为一名小学卓越教师的努力方向。

第五学期，围绕教师如何热爱学生陶冶。需要深入到小学校进行教育见习，要求师范生进行教育见习，初步了解小学教学实际，体验师生关系和小学教学活动的特点，并辅之德育原理等课程，为今后的理论学习和师德研究提供方向和有针对性的培养。

第六学期，围绕教师与同事关系、教师与其他教育团体的关系陶冶。小学教师面向的不仅仅是小学生，还有学校中的其他教师，既包括与自己搭班的其他科目的教师，还包括不直接与自己合作的其他班级和年级的教师。对于师范生与社会关系的陶冶，可以组织师范生进行各类有针对性的社会实践活动，在参与活动的过程中接受师德陶冶。

第七学期，围绕小学教学活动进行全方面陶冶。通过教育实习，师范生对小学教育有了更加整合和深入的认识，结合自己的理论和实践感悟，为毕业论文的书写积累情感和素材，同时也为毕业后的入职工作打下了坚实的基础和充分的思想准备。

第八学期，围绕教师与教育事业陶冶。本学期师范生主要进行毕业论文的书写工作，结合自己七个学期的师德陶冶和师德实践，总结经验、升华理论，形成自己的师德认知，坚定自己的职业理想。同时也坚定了终身从教的信念，实现师范生与教育事业的师德陶冶。

（四）重在实效：突出全程“体验式”培养

全过程培养理念的设置充分说明了师德的全程陶冶模式旨在构建一个全程“体验式”的师德培养方式。正如古人云：“纸上得来终觉浅，绝知此事要躬行。”纸上谈兵式的教育永远不是师德培养所要求的，只有全程“体验式”的师德培养方式，才能够使师范生得到理论和实践双方面的真正提升和陶冶，将本科阶段的四年学习时间充分利用起来，实现师范生职前师德教育的常态化。

全程“体验式”的职前师德培养方式，反对间断的、分离的师德教育。如今的师德培养方式大多将课程和体验相分离，导致师范生的理论和实践相脱离。此外，师范生的教育实习过于集中，没有实现全程体验，必然导致师范生的实践得不到理论的指导，理论得不到实践的检验。

全程“体验式”的职前师德培养方式，同样反对缺乏反思的体验。全程体验的优势在于师范生在体验过后，通过各类显性和隐性的课程，反思、总结自己在实践中的不足和经验，以便完善理论，为下一次更有效的体验做准备。

小学卓越教师今后面向的是所有小学生，是教书、育人的共同对象，由此师德培养理应是师范生职前培养的重要部分。《学记》中说：择师不可不慎也。对于学校和家长来说，选择一个德才兼备的老师是孩子健康成长的有力保证。而对于对未来教师进行教育的教师教育者来说，尤其是师范生师德教育的教师，更应是高尚师德的传承者和师德的典范，方能让师范生“亲其师，信其道”。[①]

第三节　小学卓越教师教育理论素养培育

当前，卓越教师培养已经跃升为我国基础教育领域的新热点。如何以卓越教师的“卓越品质”为着力点来培养优秀小学教师也成为教师教育领域的一个核心议题。笔者认为，教师教育理论素养在小学教师走向“卓越”的过程中发挥着不可忽视的关键性引领作用，而教师的教育理论素养培育却是当前我国职前小学教师培养领域的一个薄弱环节。小学教师的教育理论“贫困”问题已成为一个普遍存在的事实，严重制约了我国基础教育领域教师专业化的进程。如何提高小学教师自觉运用教育理论指导教育实践的意识和能力，提高职前小学教师教育理论素养的培育水平值得我们深入理性审思。

① 李中国，黎兴成．教师教育学科的建设逻辑 [J]. 教育科学，2018（6）.

一、何谓教师的教育理论素养

（一）教师教育理论素养的内涵

在我国现有的教师教育研究理论体系中，关于教师教育理论素养内涵及相关培养问题的专门论述并不多，教师教育理论素养的研究既落后于小学教师专业发展的理论与实践，也落后于我国卓越小学教师职前培养的现实诉求。研究职前小学教师教育理论素养的培育问题不能绕开教师教育理论素养这一核心概念。

关于教师教育理论素养内涵的研究，具有代表性的是美国学者罗伯特•斯莱文（Robert E. Slavin）)，他认为教师的教育理论素养是教师有意识地将理解透彻的教育理论知识运用于教学实践，指导自己设计教学、实施教学、反思教学、改进教学，做出明智教育教学决策的意识和能力。在我国，关注教师教育理论素养问题最多的是叶澜教授，她认为教师教育理论素养是由教育基本理论知识、教育价值观以及教学反思意识组成的体现教师专业素养的一种能力。

教师的教育理论素养一般被视为教师对教育技术、理论与方法的掌握、运用和评价水平的总体体现。我们认为，教师教育理论素养，是指教师在经过一定的教育理论研修和学习后，将教育理论知识内化成其从事教育实践活动的态度和能力以及在教育教学实践中表现出的惯常修养。具体说来，教师教育理论素养应包含四个方面内容：内化的教育理论知识水平、潜在的教育智慧及教育价值观、教育理论知识内化后形成的教育教学能力、教学反思与专业素质提升能力。

教师的教育理论素养不是一种简单的素质罗列，而是教师教育赋予教师适应教育复杂情境与变革的基本智力素质及与其相适应的情意素质，它是培养创新性人才对教育者的基本要求，是体现教师职业化的素养，也是一种教师专业化的精神。

（二）教师教育理论素养对小学教师教育实践的功能

教育理论最深层的价值意蕴是为教育者的教育实践提供价值性与原则性的引领，教育理论素养对小学教师教育实践的功能主要包括以下几方面。

1. 价值的启迪与唤醒功能

教师教育理论素养一经形成，便会成为教师教育行动的一种价值观和信念，虽深藏于教师的教学思想与气质之中，却会以一种无形的力量影响教师的教育行为和态度。教师教育理论素养蕴含着教师的教育理想和教育追求，会启发教师的教育自觉，增进他们对教育真谛、教育的价值和意义的领悟。教师教育理论素养的形成会唤醒教育者对教育职业价值的思考与认同，进而产生积极的职业信念、职业理想、职业态度与职业心理。

小学教师是一个有着特殊教育内涵和社会意义的工作。教育对象的特殊性决定了成为一名优秀的小学教师，要以教师的爱、希望和责任的意向性为前提条件。这就要求小学教师不仅要具有专业化的教师教育技能，更需要一种教育自觉意识，这种教育自觉意识既包括对自身教学实践的反思，也包括对小学教育真谛、价值和意义的领悟，坚定的职业信念和职业归属感是卓越小学教师不可或缺的“卓越品质”。而这些“卓越品质”的形成都与教师的教育理论素养有着内在关联。因此，教师教育理论素养构成小学教师专业伦理的载体，是小学教师获得专业成长的动力源，关涉着他们在小学教育世界里的价值取向与教育行为抉择。

2. 引领与反思功能

小学教师教育实践行为具有很强的情境性特点，教师在教学设计、提问以及儿童活动的组织过程中必须具有睿智的观察力、判断力和反思力才能抓住关键的教育契机，对孩子施加有效的教育影响，只有在不断的经验总结与反思基础上，通过对课堂、学生和自己的教学进行客观的反思，不断调整教学方法，小学教师才能生成一套具有自身特点的实践教育逻辑和思维。

教育理论的目的就是促使教师对学校和自身工作更具行动体验、反思习惯和创新内核。[①] 教育理论并不提供教育者具体的教育实践建议，而是在引领教育者深刻理解教育理论的基础上，经由教育理论所提供的原理、价值和方法论去自己探寻教育问题的解决路径。此时，教师的教育实践行为已经是一种以理论素养为支撑的教育实践。教师教育理论素养的形成能够促进教育者对原有教育理念进行反思和理性批判，并在此基础上为实践者重建自己的教育理念提供理智资源。

教育理论素养的提升能够为小学教师提供必要的反思性智慧，促使其在教育实践的过程中不断地去思考、探索和质疑，从而获得专业发展的动力，成为卓越型教师。

3. 教师进行创造性教育实践的智力来源和思想基础

教师教育理论素养能够为教师创造性地实施教育进行超越性引领，这是教师教育理论素养对教育实践的最高层面的功能和价值。

小学教师工作是一项具有不断变革与创新性需求的职业，每一个儿童都是一个具有特殊属性的成长中的个体，教师在帮助孩子获得心智成长的过程中，要同时具有“匠人”与“专家”的卓越品质，“匠人”意味着“高超的技艺”，是“最高级的技术工作者”，更为关键的是具有精细、严谨、追求卓越的创造精神以及用户至上的服务精神。“专家”则需要以“创造”、“反思”、“判断”、“思考力”为支撑的高度专业化的实践智慧。只有具备上述职业素质，小学教师才能真正去发现孩子、引导孩子，并根据不同儿童的特点创造性地去施加教育影响。

小学教师必须善于改变自身“执行者”的角色定位与工作文化。不能

a　李中国．教师角色转换中内涵性特征的缺失与补救[J]. 教育研究，2008（6）.

一味地把个人教育实践的改变寄托在他人提供的具体的、操作性指导任务上。如果教师只习惯于完成“规定性的任务”，缺乏有主见的创新性思维和独立教育思考，其结果可能就是只能成为“教书匠”，机械地履行传递知识的职责，永远处于被动、从属地位，成长为“专家型”教师的教育理想将永远不可能实现。

教育理论素养体现着教师特定的教育思维方式、价值观念和教育习惯，反映出教育者教育认知水平的差异性，是教师进行创造性教育实践，培育新的教育精神的智力来源和思想基础。教师教育理论素养在一定意义上决定了教师的层次与规格，是“匠人”，还是“专家”。

二、小学卓越教师教育理论素养培育面临的困境

教育理论素养是卓越小学教师所应具备的核心素养之一，也应是卓越小学教师职前培养阶段的重心所在。职前培养是卓越小学教师培养的起始阶段，这一阶段应重点对学生进行系统的教育理论知识学习和训练，为其发展为卓越教师做好充分的理论知识准备。但是，当前我国无论是本科层次的小学教师培养还是教育硕士的培养，教师教育理论素养的培养都面临诸多困境。

（一）消极的理论课教学观：教育理论价值的异化与误读

在我国，教师对教育理论普遍存在着一种“否定性”的消极意识，尤其是在小学教育实践领域，小学教师们总在抱怨教育理论不能解决实践教学中的具体问题，“教育理论无用”的观点在小学教师群体中得到蔓延。不仅如此，职前小学教师培养机构自身也对教育理论课教学价值存在认识上的偏差，认为小学教师培养是一个实践指向性非常强的教育过程，因此，必须加强实践环节的教学，将职前小学教师培养的目光完全聚焦于学生的教学水平和教学技能上。于是，在对教育理论的“一片声讨”中，很

多教师教育机构采取了向学生开设更多的实践取向的课程，教育理论课教学陷入形式化的尴尬境地，职前小学教师培养因此陷入了“实践化”的误区。

对教育理论价值认识的异化与误读导致我国职前小学教师的培养在过去的很长一段时期内只停留在技能层面，这也是造成当前小学教师教育理论素养“贫困”的直接原因。这种庸俗化的实践取向认知以及过于“技术化”的培养过程正在与卓越小学教师的培养理念背道而驰，越“技术化”实际上也就越远离了卓越小学教师的培养目标。

（二）理论与实践脱节：教育理论素养培养知与行的断裂

教育理论与教育实践之间是内在的辩证统一关系。教育理论对教育实践具有重要的指导和引领性价值，教育理论又必须来源于教育实践，以教育实践为实施载体才能发挥出其应然的功能。理论与实践的脱节问题普遍存在于职前小学教师教育理论素养的培育过程中。理论课教学中呈现并传授的教育理论并不能很好地帮助学生去认识和诠释教育实践中的问题，经由教育理论所提供的原理、价值和方法论令学生感觉不到他们的存在价值，这即是教育理论学习中最常见的诘难：理论与实践脱节，教育理论供给与教育实践需求错位，教育理论素养培养知与行之间的断裂使教育理论学习处于低效甚至无效的状态。

职前小学教师教育理论素养培养的知与行的断裂，使教师普遍产生了教育理论之于实践无用的错误认识，使职前小学教师理论素养培育陷入尴尬境地，脱离教育理论指导的教学实践已构成基础教育改革的危险阻力。

（三）灌输式教育：教育理论课教学范式选择的失误

当前，我国主导的教学文化以教师的直接教授或灌输为主要特征，教师单向度的知识灌输成为学生获取知识的最普遍的途径。在职前小学教师教育领域，教育理论课的教学依旧延续这种传统的“填鸭式”的教学方法。在这种单向度的教学模式中，教师的“教”带有至上而下的“压迫性”，学生处于被动接受的地位，学生对教育知识的学习不仅丧失了选择权利，也丧失了自主性。这种硬性的教学文化不仅固化了教育者的教育思维，也严重束缚了教育理论课教学的内容和形式，在这种程序化的“教”与“学”过程中，“教”的兴致与“学”的乐趣都很难调动起来，尤其是理论课教学很容易变得枯燥、乏味，学生自然会产生对教育理论知识的厌学情绪，教育理论课教学很难能够取得理想的效果。

三、小学卓越教师教育理论素养培育：理论课教学的“应为”与“可为”

理论课教学是职前小学教师教育理论素养培育的主要抓手，加强职前小学教师教育理论素养培育，必须抓住理论课教学这个核心环节。以下四方面的努力应是职前小学教师教育理论课改革的主要着眼点。其中，重新审视教育理论课程的作用与价值是职前小学教师教育理论素养培育的价值基础，变革教育理论课程的设计理念为教育理论素养培育营造适宜的教学场域与生态，重塑教育理论课教学过程中“教”与“学”的文化是教育理论素养培育的重要保障，创新教育理论课教学范式则是职前小学教师教育理论素养培育的主要着力点。

（一）重新审视教育理论课程的作用与价值

提高职前小学教师教育理论素养的培育水平，我们首先需要从认识上对教育理论课程的作用和价值进行重新审视，赋予教育理论课教学应有的价值和地位，并要深入审思小学教师需要怎样的教育理论，如何才能接近教育理论、自觉运用教育理论的问题。

首先，我们要肯定教育理论课的存在价值。教育理论对小学教师教育理想、教育信念的形成、专家型教师的诞生、教育智慧的获得以及教师有效教育实践的实施都具有重要作用。教育理论课程对于培养卓越小学教师更是必不可少的，是职前小学教师培养的重点，这是毋庸置疑的。教育理论知识无用论的起因是教育理论课教学效率的低下或无效，我们不能因此而否定教育理论课程的存在价值。我们要努力还原教育理论课教学的应然功能和地位，将其效用发挥到最大化。

其次，我们要反思教育理论课程的作用和价值应如何体现的问题。教育理论课程的作用和价值要通过学生内化学习后的教育理论素养的形成显现出来，教育理论课程的教学目的要重在形成学生对于教育现象和教育问题理解的框架思维，这是日后学生走向专家型教师必须具备的基础理论素质。

教育理论课程的作用和价值还在于帮助学生对基本概念、基本原理和基本认识形成清晰的理解与认知，并内化成阐释教育现象、分析解决教育问题的基本能力和智慧，教育理论应重在从解释学角度，提高学生对教育问题理解的认知水平。

（二）变革教育理论课程的设计理念

课程的设计理念将直接影响教学模式和方法的选择，进而影响教育理论课实施的效果。当前，我国的职前小学教师培养，无论是本科生还是教育硕士的课程设置，都在奉行刚性的专业与学科本位的理论课程设计理念。此种课程设计理念的最大缺陷就是造成教育理论课程内容过于宏大、空洞和抽象，教育理论知识与实践脱节，学生教育理论素养培养存在知与行的断裂。同时，专业与学科本位的课程设计理念，还割裂了不同教育理论知识之间的关联性，导致教育理论课程内容枯燥，教育理论课程的教学过程过于呆板和静态化，很难能够唤起学习者的学习兴趣。这与卓越教师培养所提倡的培育教师基本的智力素质和与情意素质的教学理念是相背离的。可以说，这是以往教师教育理论课教学效果不显著以及小学教师教育理论知识“贫困”的主要症结所在。

职前小学教师教育理论素养的培育要想取得良好效果，必须从源头上变革教育理论课程的设计理念。教育理论课程设计应以唤起学习者对教育理论学习的兴趣，以及增强教育理论学习对教师从教的实践指导价值作为出发点，课程设计应着眼于建构未来小学教师多元一体的教育知识结构，应致力于解决教育理论与教育实践的脱节问题，突显实践取向的教育理论课程设计理念。教师教育理论课程在设计理念上就要为理论学习和实践体验的交叉互动做好安排。

此外，教育理论课程的设计要致力于模块化的课程体系构建，鼓励小学教师教育机构根据自己的实际情况和学习者的需求来确定开设教育理论课程并组织课程内容。教育部 2014 年 8 月颁布的《关于实施卓越教师培养计划的意见》已经明确提出“建立模块化的教师教育课程体系”的要求，教师教育理论课程模块化设计与实施，已成为当下教师教育理论课教学改革的现实诉求。

（三）重塑教育理论课教学过程中“教”与“学”的文化

教育理论知识要通过“教”与“学”的过程才能内化成学生的教育理论素养。因此，“教”与“学”的理念和方法会直接影响未来教师对教育理论知识的内化效果。提高职前小学教师教育理论课教学的实效性需要从根本上转变教师教育的教学文化。

首先，应在教育理论课教学过程中，构建新型的教师教学文化。新型教师教学文化的构建应以教师教学观念的转变为起点。教师要形成新的理论课教学理念，要认识到教育理论课程不能一味灌输，一味讲大道理，要依靠学生的互动和实践内化，加深对教育理论的理解和运用。在此基础上，教师要主动转变原有的灌输式的教学方式，让学生今早走进中心学校室，熟悉课程设计、体系、内容和教学环境，讨论授课教师的教学过程，并提出改进意见，使学生通过感知和体验，尽快完成角色认知和转换融入角色实践与创新。[①]

其次，学生学习文化的重构。教师教育理论素养的形成是学生对教育理论知识进行认知、加工内化的过程。学生的“学”在教师教育理论素养形成中至关重要。学生学习文化的重构重在改变学生“学”的方式，并提高“学”的质量。职前小学教师教学文化的改革，应构建起以学生的主动参与、深度参与、多元参与为特征的新型学习文化。只有建立在强烈兴趣基础上的广泛参与，学生学习的潜质才能充分挖掘出来，才能在理论知识的学习中，真正养成卓越教师所应具备的教育理论素养。

（四）创新教育理论课教学范式

教育理论课教学范式改革是职前小学教师教育理论素养培育的主要抓手。时下，小学教师教育理论素养“贫困”问题的直接根源既是职前小学教师教育理论课整体教育范式的低效或无效。因此，职前小学教师教育理论课教学改革应聚焦到教学方法和范式的变革与创新上来。

在我国传统的职前教师培养实践中，我们遵循的是一种直线式的，循序渐进的教育理论课程组织思路与逻辑，这种教学范式的主要特点是平铺直叙、系统性有余而创新性不足。这种教学范式阻断了学生探索知识的欲望，防碍了学生基本教育理论素养的形成，教育理论教学要想取得理想的效果，必须改革这种传统的理论教学方法，构建以问题为纽带，以主题式教学为主要教学形式的教育理论课程教学新范式。

国外有学者指出，比起学科课程的组织形式，当理论知识以主题或议题（topics or issues）来组织的时候，职前教师更容易和更愿意理解。以主题、问题或议题为中心来组织理论课程，就是把问题根植于学习者现有的经验与能力中，通过这些问题引起他们对理论知识的积极探求。以问题

---

① 李中国 . 综合实践型教师培养模式研究 [M]. 山东人民出版社，2013：23-54.

为纽带的主题式教学法在教育理论课教学中的优势主要表现为：通过有效教育主题的选择，唤起学生追逐理论知识前沿的兴趣，积极主动地去参与教师的教学活动，并在这一过程中认识到教育理论课程可以以多种方式关照实践中的问题，增强学习教育理论知识的动机。

此外，主题式教学范式的运用要根植于我国基础教育的现状及其改革与发展的要求，特别要根植于我国基础教育改革所面临的主要问题的解决。这也是解决职前小学教师教育理论课教学理论与实践脱节问题的有效途径。

第四节　基于卓越教师培养的实践教学体系

大力培养高素质师范生，为基础教育输送卓越师资，是新时期高等师范院校肩负的重要任务。目前我国农村教育基础相对比较薄弱，迫切需要一大批热爱基础教育事业，具有实施素质教育能力的高水平小学教师，高素质的农村小学教师的培养和补充已成为影响当今农村小学教育教学质量及城乡义务教育均衡发展的重要因素。师范学院，特别是以培养优秀小学教师为办学特色的地方师范院校，应该主动适应基础教育改革发展的需求，以培养师范生职业能力为主线，积极探索卓越小学教师培养的新思路。

一、科学设计人才培养方案，培养师范生职业能力

为全面提高师范专业学生的专业能力，可以构建“平台 + 模块”课程结构体系，将各专业的必修课程分为公共基础、学科基础、专业基础

三个平台，确保人才培养的基本规格和全面发展的共性需求，体现“厚基础、高素质”的人才培养思想；在选修课中设置综合类、中文类、数学类、英语类、美术类、[①]音乐类、科学类、信息技术类、体育类、心理辅导类10个模块，通过选修方式培养学生的专业特长和个性爱好，实现“宽口径”的人才培养目标。“平台+模块”课程结构体系体现了“三性一体”的特征，即体现高等教育本科专业课程体系的共性、高师教育专业课程体系的个性、“小学教育”本科专业的特性，以及整个课程体系以素质教育为核心，融知识、能力、素质结构为一体。各专业根据实际情况确定具体的课程比例，课程设置合理，做到了既符合人才培养对知识、能力、素质协调发展的共性要求，又能充分体现专业定位和个性发展。

二、构建教师教育课程体系，改革教师教育类课程的实践教学方法

为促进教师专业发展，可以科学构建教师教育课程体系。教师教育课程主要由基础课程、拓展课程和教育实践课程三个部分构成。⑴基础课程为教师教育必修课程，由教师职业技能课程（包括普通话训练、三笔字书写、现代教育技术、识谱视唱、简笔画、少先队口令、书法等）和教师资格课程构成（包括儿童发展与教育心理学、学科课程标准与教材研究、教师职业道德教育、小学班级管理、小学综合实践活动、小学生心理辅导等），涵盖的内容有教育的基本理念、基本规律、学生心理以及教师的职业技能和专业精神的获得和形成。⑵拓展课程主要为教师教育选修课程，是在基础课程的基础上，进一步拓展对教师专业的理解，了解基础教育发展动态，掌握教育教学基本技能，并能指导教育教学实践。⑶教育实践课程主要包括教育见习和教育实习。注重加大实习与见习的比重，分散与集中相结合。扩充教育实习与见习的功能，提升实习见习的教育研究和社会

① 窦青．论中国风格钢琴练习曲创作的体系性构建[J].音乐研究，2017（6）：81-89.

服务功能。教育见习可以安排在第2、4、6学期，为时3周；教育实习可以安排在第7学期进行。

在教育类课程的实践教学改革过程中，可以采用实践案例的研讨、查阅相关文献资料、观看教育、心理影视作品等。如在小学教育学、小学班级管理、小学课程与教学论等课程的教学中，运用案例教学、讨论、情境教学等方法，丰富和加深学生对教育理论的理解，培养学生分析问题和解决问题的能力以及教师职业意识。①

三、依托小学教师教育实践教学中心，强化学生职业技能的训练与指导

小学教师教育实践教学中心以实践课程的学习为起点、以实践技能训练为核心，构建了科学完备的符合技能培养规律的实施体系。实践课程的学习、专能专练的课内实验实训形式多样、内容丰富，与课外自主实践融为一体，呈辐射状覆盖小学教育实践技能应用的方方面面。如每年固定举行的多媒体课件制作比赛、普通话晚会、微型课大赛、演讲比赛、三字一画比赛、文艺汇报演出等都为学生教育实践技能的训练提供了广阔的空间。

小学教师教育实践教学中心网站上具有丰富的网络实践教学资源，包括中心介绍、实验室介绍、开设实验实践项目、实验实践课程大纲、课件、实验实践教学要求、教学信息发布、实习基地、实践教学管理机构、实践教学管理规章制度、推荐书籍等，在网上教学栏目中对学生实验实践中常见问题、注意事项进行介绍。另外，还应该专设小学名师教学录像、优秀微型课录像、优秀实习生公开课录像、学生书法作品和美术作品展、学生社团活动剪影等。为了更好地实现师生交互，专门设计论坛栏目，学

① 李中国，黎兴成.职业教育扶贫机制优化研究[J].国家教育行政学院学报，2017（12）：88-94.

生可以将自己的建议、意见、论文和其他信息上传、讨论。

小学教师教育实践教学中心注重对学生实践教学能力的测评，积极探索考核内容、考核形式和制度的改革，确立多样化的考试形式，如笔试、动手实际操作、模拟教学、课程设计、调查报告和现场答辩等形式。同时健全激励机制，积极组织学生参加社会实践调查、学术报告和讲座等活动，强化学生的职业技能训练，有效促进学生职业能力的提升。①

四、加强“研究小学，服务小学”的制度建设，提高教师实践教学指导能力

制定进一步加强教学工作提高教学质量、实践教学工作、青年教师教学水平提升工程等文件，采取一系列措施，努力提高教师的业务素质和教学水平。可以规定“新进的从事师范专业教学的青年教师进校第一年必须在学院指定的小学听课不少于 25 节，并将此作为转正的基本条件；其他在职在岗从事师范专业教学的教师每年必须在学院指定的小学听课不少于 4 节”，“在规范实践教学质量管理的基础上，建立健全和完善实践教学质量评价体系。所有院部专任教师都应承担实习（见习）教学任务，中级职称教师在职称任期内未承担实习（见习）教学任务者，原则上不能晋升上一级职称；师范类专业副高以上职称教师在四年内必须承担 1 次以上顶岗实习指导任务，其他专业副高职称教师在四年内必须承担 1 次以上实习（见习）教学任务，并将此作为晋升正高职称的重要依据”。通过采取这些措施和手段，有力促进教师的业务素质、实践能力与教学水平的不断提升，促进师范教育专业教师实践教学指导能力的不断提高，形成一支理念先进、爱岗敬业、经验丰富、能力较强、勤于探索、勇于创新的实践教学队伍。

① 李中国，黎兴成 . 教师教育学科的建设逻辑 [J]. 教育科学，2018（6）.

教师特别是教育理论课及学科教学论教师定期或不定期到小学听课、兼课，深入基础教育教学第一线，了解小学的教学内容和方法，熟悉小学的教育教学规律和教改状况，获得关于小学教育教学的丰富资料，把自己所学的教育理论真正地与小学教育教学实际结合起来，检验和完善自己的教育理论，在教育教学中不断反思研究，提高高师教育教学改革的针对性和对基础教育课程改革的适应性。

五、建立教师职业技能考核机制，培养师范生的专业素养

根据人才培养方案和不同师范专业的特性，把课程考核、专项技能考核相结合，全面考查学生技能掌握情况，制定教师职业技能考核标准和考核原则，考核原则充分考虑了专业特性和教学工作具体情况，规定未能通过教师职业技能考核的师范生不能申报教师资格证，原则上不能参加教育实习。同时，设立“师范生教学技能大赛十佳奖”，每年组织师范生开展教学技能大赛，对获奖者予以表彰奖励。

通过教师职业技能考核工作的开展，有力地推动教学管理部门进一步加强对师范生教师职业技能教学、培训和考核进行系统的研究，对相关制度、规范、程序进行深入的探讨，提升教学管理水平；促进教师严格执行教学大纲，加强课内实践指导和训练，并对学生课外训练提出了更高的要求；促进师范生主动地加强教师职业技能的训练。

六、建立 UGS 协同机制，加强与小学的沟通与合作

在基础教育课程改革背景下，师范专业实践教学的改革需要强化政府在卓越小学教师培养中的主导作用，加强与小学的联系，构建大学教师、小学教师和师范生学习、研究、发展的共同体。由师范学院牵头，各省市各区教育局、市区部分优质小学联合组建了“小学教师教育联盟”，为进

一步推进乡村教师支持计划的落实，构建师范院校、地方教育行政部门、小学“三位一体”协同培养优质小学师资的机制（UGS 协同机制），实现高等师范教育和基础教育实际需求有效对接奠定了坚实的基础。

利用国培、省培、小学校长培训班、联系教育实习、检查教育实习、免费师范生面试招生的机会，召开地方教育行政部门的领导、小学校长、指导教师座谈会，对小学教师进行个别访谈、向实习学校发放问卷调查等途径，了解教育教学实习的组织安排及实习生教育、教学等方面的情况，及时调整培养方案和见习、实习计划，并针对有关问题制定切实可行的解决措施。并充分发挥小学优秀教师在教师教育专业实践教学活动中的现场指导作用和榜样示范作用。聘请一些既有丰富教育教学经验，又有一定理论素养的优秀小学教师来我校进行小学教学改革、小学班主任工作等方面的专题讲座，激发学生的教师角色意识和主动参与基础教育课程改革的欲望，加深学生对基础教育课程改革的认识，提高师范生对基础教育课程改革的适应能力。

七、突出师范生培养的实践取向，加强“顶岗实习，置换培训”的过程管理

“顶岗实习、置换培训”，即组织师范类高年级学生在学完骨干课程，经过有针对性的系统培训后，到中小学实习一个学期，承担原任教师的教育教学工作，原任教师到高师院校接受一段时期的专业培训。

构建“培养学校—实习基地—生源地”“三地一体”的实践教学机制，采取混合编队，打破学生的学科专业，将不同专业的学生综合编排，使实习生相互学习，取长补短；以每所实习学校为单位成立由 1 名带队教师和 10 ～ 25 名学生组成的实习分队，同时接受学校和省教育厅或当地教育行政部门的双重管理。实习生顶替教师岗位，全方位地参与实习学校的活

动，包括承担班主任工作、上课、晨读、早操、课外活动以及参加学校组织的学习研讨等，在整个实习过程中，实现自我教育、自我管理、教书育人。“顶岗实习，置换培训”创建小学教师职后教育的新模式，更新实习学校教师的教育教学观念，全面提升师范生的综合素质。

八、强化实践教学过程的质量监控，切实保证实践教学质量

不断完善实践教学质量监控体系，提高实践教学质量。充分发挥教学工作指导委员会、教学督导团及学生信息员的作用，加强对实践教学工作的宏观指导和质量监控。建立实践教学跟踪评价机制、学生评教制度和实践教师工作档案，完善实践教学质量考核制度。建立实践教学质量信息反馈系统，对实验教学、实习质量、毕业论文（设计）、学科竞赛活动等进行检查和监控，采取有力措施，不断改革实践教学内容，改进实践教学方法，确保实践教学质量。

在课内实践、教育见习、教育实习（含顶岗实习）、社会实践和毕业论文（设计）等实践教学环节中，高度重视每一个环节的组织管理、质量监控与评价工作。在学校的统一指导下，各系部应该成立专门的领导小组，由系领导牵头，全面落实教育见习、教育实习和顶岗实习学生的政治思想教育、安全教育、日常管理、检查和评价等，保证教育见习、教育实习和顶岗实习等工作顺利实施。

如何强化师范教育的实习环节，提高小学教师培养质量，同时缓解农村小学教师短缺的矛盾，提高农村教育水平，已经成为一个亟待解决的问题。地方师范学院应该创新和完善卓越小学教师培养机制，不断深化实践教学改革，注重师范生职业能力的培养，构建了“一条主线，两个平台，三个层次，四个结合”的实践教学体系，始终以培养学生职业能力为主线；精心设计、打造校内实践教学平台和校外实践教学平台；在教学过程

中，从教师基本技能、教师执教能力、教育教学研究能力三个层次来训练和培养学生的综合素养与创新能力。在大教育实践观的指导下，采取理论教学与职业技能训练相结合、教学实践活动与社团活动相结合、顶岗实习与教师培训相结合、教育实习与毕业论文工作相结合的方式，有序地组织师范生进行全方位、全过程的教育实践，引导师范生在实践中学习，在实践中感悟，在实践中体验，在实践中反思，有效地了促进师范生的专业成长，形成了特色鲜明的实践教学体系。

附录：如何让“差生”走向“卓越”
——三位一体小教师范生养成的个案研究

（张天雪　浙江师范大学）

一、研究缘起

始于 2011 年的浙江省“三位一体”自主招生制度迄今已经走过五个年头。期间国务院出台《关于深化考试招生制度改革的实施意见》使自主招生政策发生了巨大变化，而浙、沪作为高考改革的先行者也使考试改革和自主招生由理念变成了行动。所谓“三位一体”自主招生是浙江省在前期“3 +1 + 模块”改革基础上的又一种结构性的探索。原先的高考改革还局限在考生对考试内容的选择，而“三位一体”自主招生，则把招生和考生选择有机结合起来，扩大了高校和考生的双向自主选择，并且为考生提供了两个录取分数，可择其高者作为高考成绩参与高校录取。

作为“三位一体”自主招生的实践者和研究者，笔者从亲历的视角对这项改革做质性的学理描述，以期从过程层面阐释“三位一体”招生改革的功效和这批学生的成长经历。2012 年笔者成为浙江师范大学首届唯一全建制“三位一体”班级——小学教育 12 级 1 班的（即小教 121 班）班主任。这是该校第一次进行“三位一体”自主招生尝试，共招收小教专业（一本）“三位一体”生40人，学前教育专业（当时是二本）80人。录取成绩由“学业水平考试成绩20%+面试成绩30%+高考成绩50%”构成。小教专业录取的119人中有四种类型班级：“三位一体”文科考生25人单独组成121班，理科“三位一体”考生15人与非“三位一体”理科10人组成123班，完全凭高考成绩录取的44人组成122班（文科大班）和完全凭高考成绩录取加3名新疆考生组成的124班（25人，理科小班）。这样的班级组合，在排除班主任变量的情况下，有利于进行横向比较，如“三位一体”学生与普通高考学生班级、全建制“三位一体”编班与混合制编班、大班额与小班化学习、文科与理科的比较等。小教121班共有学生26人（含从123班自愿转入1人），为文科实验班。班级男生2人，女生24人，来自浙江省六个地市区，与其他师范生一样的是女生多（92.3%），与其他师范生不一样的是农村学生少（34.61%）。

121班在所有班级中高考录取平均成绩是最低的。当年浙江省文科一本录取线为606分，浙师大小教专业录取线为619分，121班平均分为601.9，低于一本线4.1分，低于专业录取线17.1分，差距明显。那么面对这样一群“差生”、二本生，他们能否适应一本专业学业的要求，能否在“学霸”中不自卑，如何让其原有的艺体特长得以发挥，如何让他们成为卓越的小学教师，这是摆在班主任面前的任务和压力。

二、实践历程及要素提炼

作为一个教授，省151高层次人才，做个大学班主任，我愿意以自身“教育家”的身份从思维方式、学业方式和人际方式方面去引领这些孩子，让他们成为真正的未来教育家。于是我制订了系统的班级建设方案，具体包括：在班级顶层设计之下，进行一个组织结构的改造、两种学习方式的建构和一种评价方式的变革，简称“卓越 121 计划”。

（一）通过理念与愿景等顶层设计形成班级的向心力

没有理念的班级就是没有灵魂的人群，大学班级由于其流动性大，选修课多，更易变得形散神乱，所以班级的第一要务是确立班级理念。师范专业是以培养未来教师为取向的学科场域，而面向未来的教师应是“有理想信念、有道德情操、有扎实学识、有仁爱之心的‘四有’好老师”，做到这“四有”的目标导向就是要成为卓越教师，成为未来的教育家。为此，我将班级的教育理念确立于“追求卓越”，为了实践这个理念，将班级愿景确立为“会教书、会育人、会研究、会生活”的“四会”小学教师。为什么要“四会”？教书育人是教师的本职，是教师职业的基线，但作为一所师范大学一本专业毕业的小学教师，应该是具有反思意识、探究取向和钻研能力三个层次的研究型教师，所以要“会研究”；而教师职业是一生的事业，不是一时的就业选择，没有教师生命质量的提升，就难有教育质量的提升，没有教师精神的解放，就难有学生的精神解放。所以我理想中的教师应该是会生活的求真崇善向美的老师。

为此，我让学生们自己对班级进行形象设计，包括班徽、班歌、班级生日、班训、班史。但“差生”还是有心理阴影的，而这种心理阴影非但不以“自卑”的方式表现，相反会以“自负”的形态衍生，这是班级建设始料不及的。而且“三位一体”学生由于其本身艺体有一定的特长，而这种特长多是培训班“一对一”训练的结果，加之城市学生多，所以这 26 个人可以说不只有 26 种个性，而且又独立组班，更加强化了他们“与众不同”的心理暗示，这无形也使班级处在“孤立”的边缘。怎么办？愿景是美好的，现实是残酷的。班级向心力建设、与其他班级的协同创新和同学自信力工程是建班之初的“三把火”，这三把火慢慢地从大一烧到大三，分学年让这群“90 后”回答了三个问题：大一时的“我从哪里来”，大二时的“我是谁”和大三时的“我到哪里去”，也形成了班级三年的向心力，树立起了每个班级成员应有的自信。改变这个班级的心智模式，让孩子们用新的眼睛（不再是应试的眼界）看大学；完成对自我的超越，倾听每个同学心灵深处的呼喊。建立班级愿景，打造我们生命的共同体，因为大学是他们青春的集结点；依靠团体学习，以班级的氛围扭转他们“分数”上的劣势；开展系统思考，看到孩子们的今天，更要思考他们的明天。

（二）通过组织结构变革使班级更接近未来工作场景

一个大学班级，不但要有强大的“务虚”理念和愿景，还要有实现这种理念与愿景的“务实”结构与方法。我所倡导的组织结构是扁平化的学习型组织，要有职业体验，而不能仅是形式上的班级。因此在班级结构上实行“校长指导下的常务副校长负责制”，将班级命名为“121 小学”，我作为“校长”，作为指导班级工作的设计师，而班长则变成了“常务副校长”，并依次设立有党委书记、教学副校长、总务副校长、少先队辅导员、办公室主任、工会主席、备课组、教研组等。班级干部少而精，实行学年轮换制，民主推举。同学之间互称老师，及早进入准职业体验，强化教师职业意识。我和班级同学既是师生关系，指导者与被指导者的关系，还是同事关系，领导与被领导的关系，同时实行值周校长制度，每个星期由一个寝室协助常务副校长处理学校事务，强化同学的参与感，这个寝室当周还要负责出“卓越 121 周报”，通过平面媒体记录班级成长，也向班内外、学院内外和校内外进行品牌宣传，赢得改革外围的动力支持。除这些实体平台外，学校还通过校长信箱、QQ 群（工作交流）和微信群（生活交流）及飞信群（发放通知）等虚拟工具，既打实班级的实体学习、交流和工作平台，也营造快捷、亲情、高效的虚拟平台。

（三）通过学习和指导方式的变革使师范生学有所成

班级发展的重点在于学生的发展，如何把这 26 个学业不佳的“差生”

培养成为卓越的“准教师”，必须在学习方式和指导方式上加以改革。在学习方式上，“121 小学”的方式是学业反思加团队学习；在指导方式上，实行“双导师”制，进行理论与实践“双元制”、“临床式”学习。

首先是学习方式的变革。学业反思是培养反思型教师的一种手段，是为未来这些准教师走上教学岗位进行反思式工作的预备。“121 小学”要求每位老师在每周一上交前一周自己的学业反思，包括课堂教学的重点、难点、疑点和创新点，还有自己课余阅读的读后感，课余阅读书目由我和学生共同确定。而团队学习则是在个体反思的基础上，使学校能成为有机学校，成为学习型组织的关键。国内大学通常不再像中小学一样进行早晚自习，但“121 小学”则进行每周两次的晚自修，“校长”亲临现场指导，周一的晚自习分为上下两个环节，上半部分用英语进行演讲，逐步变成用英语进行语文或者其他小学科目的教学。下半部分进行中师式的“三笔字和普通话”训练。这既是要培养国际化的小学教师，同时又不能遗忘师范生的基本技能。

其次是指导方式的变革。由于是小班化班级，这为导师制管理提供了组织保障。为了使他们成为“四会”小学教师，我们实行了双元指导，“121 小学”聘请了学院的 15 名研究生分别做班级同学的理论导师，基本上 1 对 2 地与他们共同开展课题研究，培养他们教科研方面的“问题意识”、“学理意识”、“方法意识”和“规范意识”。同时，“121 小学”还聘请了 L 小学的 8 位优秀语文老师作为他们的实践导师，通过“示范”、“观摩”和“传帮带”的师徒学习，使 26 个莘莘学子成为全学院第一批“走向讲台、站上讲台、站稳讲台、站好讲台”的师范生，使他们从不谙教书的稚蒙师范生向有一技之长的卓越小学教师转化。“师范生四年一贯制全程见习”是浙江师范大学教师教育学院的首创，也是这个学院小学教育专业从创立仅 3 年就拿到 5A 级专业的原因之一。利用这个平台，我们要求学生能够带着“见习观察表”进入小学，观察校园建筑、布局、文化、教室、教师、学生、活动等方方面面，而这种“教育观察”是教师专业发展被忽略的一项技能。在“全程见习”模式下，“121 小学的“准老师们”还帮助实践导师带班级、批作业、看管孩子，开展课外活动，直到走上讲台。

学习方式和指导方式的变革是这次改革的核心，而这种专业与小学的联姻也开创了到基层去，使大学教师能够深入一线，使教师的教育者在高校的教学不至于沦为空中的漂浮物，不至于是不接地气的理论奢侈品。受益最多的是学生，学生不但有了很早的职业初体验，也有了对这个职业辛苦的认知，对于其及早规划大学后的职业生涯具有很大帮助。

（四）通过核心素养评价让学生在创新中体味职业尊严

什么样的大学生才是好的大学生？怎么评价处于个体学业末端的大学生的发展水平，单纯的分数和学业绩点绝对反映不了一个人的全貌。“三位一体”这种招生制度，从设计之初就是为了体现人的核心素养，而避免唯一的“分数决定论”的改革举措，如果进入大学，反倒回到应试教育的老路上，恐怕是对改革的背叛。

按照“四会小学教师”的愿景和标准，“121 小学”将学业绩点、科研素养、团队参与与领导力、实践教学四项作为学生核心素养考察的依据。学业绩点当然是按照学科成绩评价而得出的一个客观性指标；科研素养不是短时间能培育出来的，需要从意识、欲望和能力三方面长期引导。与理论导师共同申报各级课题，参与大学生挑战杯等是一个方面，撰写科研论文、开展专利发明等也是培养学生创新的主要手段。比如学生研制《小学课堂观察系列量表》等就可以申请专利。为了鼓励学生“会研究”，我向学校申请了资助经费，并从自己的津贴中拿出一部分奖励那些发表论文、立项课题的同学，为的是给这些准教师埋下科研的种子。而组建少而精的社团，强化对“学校”活动的参与，通过诸多领导力的考核来提升孩子们的组织能力。最后就是实践教学，包括教育见习、实习、微格教学、平时在晚自修上的表现等，都量化为学生的考核指标，使一个教师的素质不只停留在学业绩点一个维度上。

改革的绩效要用事实说话，要用横向比较来进行证明。在 2012 - 2013 年第一学期结束后，班级学业绩点全专业四个班级倒数第二，而在第二个学期，学业绩点就正数第一，并且除了第三和第四学期因自负而暂时下滑外，其他各个学期均领先平行班，大学综合学业绩点全年级第一；大学英语四级一次性通过率 100%，大学英语六级通过率 76%，全专业教师资格证一次获取率是 96.2%，班级考研上线率为 12%，而班级就业率达 100%，大多数指标都高于其他三个高考平行班。班级在全校班会设计大赛中荣获三等奖，而学校学风特优班是一个班级最高的荣誉，“121 小学”以年级第一的成绩代表学院出战 2014 年度大赛，以总成绩第二名的成绩获得银奖。我们班既有院学生会主席，还有金华市学联副主席，既有各个社团和学校主要文体活动的组织者、策划者，还有国家奖学金获得者和各项发明创造的获奖者。比这些数字更重要的是我们完成了一次逆袭，实现了从“差生”到“卓越”小教师范生的转变。（资料来源：本篇文章在知网下载教师教育研究，2016.11）

第二章　小学教师核心素养培养的理论与实践

人类进入21世纪以来，全球化、信息化、大数据、云计算、“互联网+”、物联网等纷至沓来，人才培养的质量要求与规格发生了深刻的变化。学生需要学会什么、养成什么样的品质才能既满足个体的全面发展，又满足国家发展与社会进步的需求，成为各国教育所面临的共同挑战。在此背景下，“核心素养”逐渐进入研究者的视野。

“核心素养”是目前国际教育研究热点，一些国家和地区又称其为“基本能力”“关键技能”“关键能力”等。联合国教科文组织于2015年发表的《反思教育：向“全球共同利益”的理念转变》一书中提出，教育“必须重视文化素养，立足于尊重和尊严平等，有助于将可持续发展的社会、经济和环境结为一体”。这一新教育观强调以人文主义的观念审视教育作为根本共同利益的深层价值。这是对其1972年《学会生存：教育世界的今天和明天》所倡导的“终身教育和学习型社会”以及1996年的《学习：内在的财富》所提出的“学会认知、学会做事、学会生存和学会共处”的进一步阐释。“核心素养”正是在这种教育价值反省与寻索过程中对教育使命与教育目的的重新思考与架构。所以，核心素养的提出一方面反映了教育所处的新时代的新需求，另一方面则是教育在自我反省中努力打破传统发展模式的束缚，对教育宗旨的重新思考与立意。

受国际教育潮流的影响，我国已着手研究学生的核心素养，并研制出基于学生核心素养的普通高中课程标准。2014 年《教育部关于全面深化课程改革落实立德树人根本任务的意见》的颁布，从政府的高度明确指出将组织研究并提出各学段学生发展核心素养体系，并计划正式发布关于“中国学生发展核心素养”的官方文件。这预示着“核心素养”在今后相当长的一段时间内将成为教育领域重要的学术和政治话语。这可以从近几年学术界对“核心素养”的研究热情得到佐证。以“核心素养”为关键词对中国知网学术期刊进行搜索，2009 年只有 1 篇，2011 年也只有 1 篇，2013 年 7 篇，2014 年 13 篇，2015 年猛增到 77 篇，2016 年到 8 月 31 日，已有 335 篇。虽然核心素养研究的意义重大，但就我国现有的研究基础来看，我们的研究相当匾乏，必须加强这方面的研究与实践，以推动深化教育课程改革，真正落实素质教育，具体化德智体全面发展的教育方针。

核心素养研究始于 20 世纪 90 年代。如 1992 年，澳大利亚梅耶委员会提出了七大核心素养分支:“收集、分析和整理信息的能力”“交流思想和信息的能力”“计划与组织活动的能力”“与他人合作的能力”“运用数学方法与数学技术的能力”“解决问题的能力”“使用技术手段的能力”。核心素养现已成为推动西方发达国家课程教学改革的支柱性理念，关于核心素养的研究成果较为丰富，理论架构也较为成熟。

第一节 “核心素养”的研究现状

一、国外“核心素养”的研究现状

当前，国外关于“核心素养”的研究主要集中在以下几个方面：

（一）关于“核心素养”内涵的研究

文献研究表明，关于“核心素养”的内涵，不同的研究者给出了不同的答案。有的研究者从核心素养的基础性和共同底线出发，认为核心素养主要指向“基础性、基本性”素质，试图整合核心素养及其衍生的素养而构建较为全面的素养体系；有的研究者从“核心”和“关键”入手，强调核心素养在“本质上应是一般素养的精髓和灵魂，在数量上要少而精”；有的学者认为核心素养理应是在“肯定和继承传统的基本技能、关键品质基础上的适度重构”；有的研究者则强调那些在技术变革与全球化环境中直接回应社会需求的“能够应对社会变化的素养与能力”，如信息素养、创新能力、全球意识与人类精神等。有的研究者提出“核心素养不只是适用于特定情境、特定学科或特定人群的特殊素养，而是适用于一切情景和所有人的普遍素养”，强化核心素养的普遍性和通用性等。大部分研究将核心素养看作是一个实用的功能概念，从功能论的视角来定位核心素养，探讨“个人的成功和社会的良性发展需要什么样的素养”；也有少数研究者从人类社会理想或是教育理想的哲学视角来解析或定义核心素养。由此可见，人们对于核心素养的理解视角各异。

（二）关于“核心素养”特征的研究

研究者普遍认为，“核心素养”具有以下几个特征：

1. 普遍存在性与特殊关键性的统一。核心素养不是只适用于特定情境、特定学科或特定人群的，而是适用于所有情境，也是所有公民都应获得的素养。只有这样才能体现“核心”的普遍价值。同时，核心素养重视个体适应未来社会生活和终身发展所必须具备的关键素养，其本质上是一般素养的精髓和灵魂。故而关键性或必备性是核心素养的首要特征。

2. 广泛参与性和交叉融合性的统一。核心素养是知识、能力、态度和情感的融合，更加侧重学生品性修养、态度养成和情感发展。这一超越知识和技能的内涵，可以矫正过去重知识、轻能力、忽略情感态度价值观的教育偏失，更加完善和系统地反映教育目标和素质教育理念。同时，核心素养并不指向某一特定学科，而是个体发展、适应生活所必需的综合素养，是学生在学科教育过程中获得的共性素养，具备一定的学科融合性。

3. 横向个体性和纵向生长性的统一。核心素养具备普遍性的同时表现出个性化的特征，如“个性修养、自主发展”等内容是学生共同发展、普遍发展中的个性发展，具备一定的自我性和排他性，能够弥补现有教育内容的缺失。同时，核心素养总是在特定的情境和需要中反映出来的，需要不同教育阶段的长期培养，是一个循序渐进、不断深化的过程。同时，核心素养是学生踏入社会后能够不断延伸、拓展和生长的开放体系，随着社会经验的丰富、个体发展需求的增加，素养的内涵会得到丰富和完善。因而具有一定的生长性。

（三）关于“核心素养”结构与功能的研究

1. 联合国教科文组织关于“核心素养”结构与功能的研究

1996 年，联合国教科文组织的“国际 21 世纪教育委员会”出版了教育报告——《教育——财富蕴藏其中》，首次提出了“学会认知、学习做事、学会共处、学会成为你自己”的教育的“四大支柱”。这四个“学会”虽然未冠以“21 世纪核心素养”的名称，但却为回答 21 世纪需要培养什么样的人指明了方向。2012 年，联合国教科文组织发布《全民教育全球监测报告》。报告确定了所有年轻人都需要具备的三类主要技能：基本技能（包括能够获得满足其日常生活需要和工作所要求的识字和计算能力）、可转移技能（包括解决问题的能力、有效地交流思想和信息的能力、创新意识、领导力以及责任感和创业能力）和职业能力。

2013 年，联合国教科文组织又联合美国布鲁金斯学会，发布了一份研究报告——《向普及学习迈进——每个孩子应该学什么》。该报告指出要确保基础教育阶段的学习质量，必须重视以下七个领域：身体健康、社会情绪、文化与艺术、文字与沟通、学习方法与认知、数字与数学、科学与技术。2014 年联合国教科文组织发布的《全民教育全球监测报告》，涉及到了如何培养学生核心素养这一思想。报告指出："教育质量不仅仅是帮助学生掌握基础知识，还需培养学生作为全球公民所必需的可迁移技能，如批判性思维、沟通能力、问题解决和冲突解决的能力等。"

2. 世界经济合作与发展组织关于"核心素养"结构与功能的研究

世界经济合作与发展组织（OECD）于 1997 年开始启动核心素养框架的研制工作。2005 年在其官方网站公布了经多方研讨和论证所形成的报告——《素养的界定与遴选》。报告将核心素养划分为"互动地使用工具、在社会异质群体中互动和自主行动"等三个类别。OECD 分别于 2009、2013 与 2015 年开展了针对核心素养发展状况的后续研究。虽然这些研究的侧重点各有不同，但是它们都紧随时代变化，关注社会中的热点问题，强调 21 世纪的教育系统应帮助学生发展与社会进步相适应的技能和素养。如 OECD 2009 年度与 2013 年度报告强调信息通讯技术的发展对于社会及个人的影响，并指出信息交流技术的发展要求个人具备与之相适应的新素养。而 OECD 2013 年度与 2015 年度报告则指出新劳动力市场对于技能和素养的需求与劳动力供给方具备的素养之间存在不平衡现象，提醒各成员国帮助年轻人发展适应劳动力市场需求的各项素养。特别需要指出的是，2012年3月，“经合组织”发布了一份题为“为21世纪培育教师提高学校领导力：来自世界的经验”的研究报告。该报告明确指出21世纪学生必须掌握以下四个方面的核心技能：（1）思维方式，即创造性，批判性思维，问题解决能力、决策能力和学习能力；（2）工作方式，即沟通和合作能力；（3）工作工具，即信息技术和信息处理能力；（4）生活技能，即公民素养、生活和职业能力以及个人责任和社会责任。

3. 欧盟关于“核心素养”结构与功能的研究

2005年，欧盟正式发布《终身学习核心素养：欧洲参考框架》，为欧盟各国的教育政策制定，尤其是课程改革，提供了可供参考的框架和方向。报告指出，核心素养主要包括母语沟通能力、外语沟通能力、数学和科技基本素养、数字（信息）素养、学会学习、社会与公民素养、创新与企业家精神、文化意识和表现等方面，并且每一素养又从知识、技能与态度三个维度进行具体描述。该报告还指出，基本的语言、文字、数学、信息能力是终身学习的基础，“学习如何学习”支持个体所有学习活动，批判性思维、创造性、主动性、问题解决、风险评估、决策、情绪管理也是终身学习者必不可少的素养。

4. 美国关于“核心素养”结构与功能的研究

美国劳工部于1990年成立了专门委员会——职场基本技能达成秘书委员会，以探寻和确立青年人在职场中获得成功所必须的技能。1991年，该委员会发表了《职场对学校教育的要求》，提出美国职场基本技能的五大指标。2002年美国正式启动21世纪核心技能研究项目，创建美国21世纪技能联盟（Partner-ship for 21st Century Skills，简称P21），努力探寻那些可以让学生在21世纪获得成功的技能，建立21世纪技能框架体系，在世界范围内产生了广泛影响。

当前正在美国各州推行实施的“共同核心州立标准”也把21世纪技能融入其中，在保留传统的英语、阅读和语言艺术、外语、艺术、数学等核心课程的基础上，增加了全球意识、理财素养、公民素养、健康素养、环保素养这五个议题。这些素养都旨在帮助学生进一步学会应对现实生活的具体问题，但针对这些素养的教学活动并不以独立学科存在，而是融入核心科目中，每一项素养的落实都依赖于核心学科知识的发展和学生理解。美国学者伯尼·特里林和查尔斯·菲德尔在2011年提出了“21世纪知识技能彩虹结构图”。他们认为，21世纪的知识和技能应该包括三个模块，即生活与职业技能，学习与创新技能，信息、媒介与技术技能，所有技能均围绕着核心课程与21世纪主题展开。哈佛大学教育学院赖莫斯教授认为，21世纪核心技能包括三大部分：自我技能、人际技能和认知技能。其中，自我技能包括开放灵活、好奇心、积极主动、坚持不懈、自我效能等；人际技能包括共情、沟通、团队合作、信任、协商、解决冲突、服务导向、人际互动和领导力；认知技能包括知识、批判性思维、问题解决、分析、逻辑推理、解释、决策、执行功能和创造力等。

5. 俄罗斯关于“核心素养”结构与功能的研究

2001年，俄罗斯联邦教育部普通教育内容更新战略委员会组织编制了《普通教育内容现代化战略》，以此为标志，俄罗斯开始采用基于素养的方法发展与改革教育，代替传统的知识传授。其核心素养包括认知素养、日常生活、文化体闲、公民团体和社会劳动素养等五个方面。认知素养主要是指获取信息和知识的能力；日常生活素养涉及个人健康、家庭生活等；文化体闲素养是指公民能够利用闲暇时间丰富个人文化精神生活；

公民团体素养则帮助学生适应公民、选举人、消费者等角色；社会劳动素养教会学生分析劳动市场情况、评估自己的职业机会、处理劳动关系的伦理与道德、自我管理能力等。这一结构框架最具特色的部分在于它将日常生活与文化休闲领域纳入核心素养发展领域，重视公民的个人健康、家庭生活，以及选择合适的途径和方法利用空闲时间，丰富个人文化和精神生活。

6. 日本关于“核心素养”结构与功能的研究

“核心素养”在日本被称为“关键能力”。日本文部省科学省正在为大学教育至初等教育编制以“关键能力”为核心的课程，并要求大学及中小学予以实施。大学教育方面，学士课程向项目型课程转型，大学入学选拔开始引入“合科型”和“综合型”试题。中小学教育方面，编制基于学生应具备的素质和能力的教学大纲也在进行之中。在日本文部省科学省对关键能力进行了界定之后，日本中央教育审议会目前正依据其指标研究教学大纲的修订，审议报告将在明年推出，预定自 2020 年陆续在小学、中学、高中开始实施。2013 年，日本国立教育研究所也提出了“21 世纪型能力”结构，从作为“生存能力”的智、德、体所构成的素质与能力出发，要求凝练“学科素养”与能力的同时，以“思考力”为核心，与支撑思考力的“基础力”（语言力、数理力、信息力）以及运用知识技能的“实践力”，构成三层结构。

7. 新加坡关于“核心素养”结构与功能的研究

新加坡政府对比了 21 世纪与 20 世纪所需劳动力的特点，提出了建设“思考型学校和学习型国家”的愿景，并提出四个理想的教育成果，即培养自信的人、主动的学习者、积极的贡献者和热心的国民。其核心素养结构由内到外共包含三部分内容，即核心价值、社交及情商能力以及新 21

世纪技能。核心价值包括尊重、诚信、关爱、抗逆、和谐、负责，这是素养框架中的核心与决定性因素，决定了培养什么样的社交及情商能力，进而决定需要培养学生哪些新21世纪技能，从而最终实现新加坡政府提出的四个理想的教育成果。

（四）关于“核心素养”与课程改革的研究

1. 核心素养课程体系研究

研究者普遍认为，课程是培养“核心素养”的重要载体。核心素养教育目标的实现凭借是课程。参照“经合组织”的“素养的界定与遴选：理论和概念基础”项目、联合国教科文组织或者欧盟核心素养内容结构框架研究成果，世界上多个国家形成了适应本国国情的核心素养内容结构框架，并构建了相应的课程体系，大致可以分为三类模式：

模式1：分项研究，逐渐融合。核心素养研究独立于课程体系之外，由专门机构研制开发，然后，逐渐实现核心素养与课程和教学相融合，最终达成核心素养教育目标的课程体系化，主要代表国家有美国、澳大利亚等。

模式2：以核心素养框架统辖课程体系建构。根据国际核心素养内容结构框架指标，厘定本国课程体系中蕴含的核心能力和素养内容指标，以此指导课程内容选择、组织与实施，形成课程体系，主要代表国家是芬兰。

模式3：间接体现核心素养。学生的核心能力和素养没有单独的体系规定，但是国家课程体系的建构无意识地部分体现了培养核心能力和素养的宗旨，主要代表国家是日本和韩国。

2. 核心素养课程质量评价研究

核心素养课程体系的形成为课程实施奠定了基础，但是课程实施需要质量监控以保障课程目标的有效落实。

2000 年，联合国全民教育大会评估了 1990 年以来世界全民教育进展情况，指出应该将教育质量作为全民教育工作的一个重要目标，强调教育质量。2004 年，联合国教科文组织提出教育质量框架和支持教育质量的十个方面的标准。其中学习结果是质量标准的一个重要方面，包括：学习者达成基本认知成绩水平所需要的知识；理解、尊重、团结、平等、包容、尊严等所秉持的价值；解决问题、团队精神、与他人相处、学会学习等所需要的技能以及学以致用的能力。2005 年，联合国教科文组织发布《全民教育全球监测报告 2005：教育质量势在必行》一书，对教育质量做了系统论述，并制定了教育质量整体框架。框架以学习为核心，分设学习者和教育体系两个一级指标。学习者包括寻找学习者、学习者知识与经验、学习内容、过程和环境五个二级指标；教育体系包括行政和管理体系、良好政策的实施、支持性法律框架、资源和学习结果测量五个二级指标。二级指标又进行具体划分，指标框架全面立体地体现了基于人权的学习、终身学习、可持续发展学习的人本教育理念。质量框架作为一个整体，面向各级各类教育的所有人。2010 年，联合国教科文组织启动了面向基础教育的质量分析框架项目研究，该项目以核心素养概念为标准作为对教育质量分析、监测和诊断的依据。

2000 年后，美国基础教育课程改革侧重于核心课程实施的质量保障研究。主要成果有小布什政府出台的《不让一个孩子掉队》和奥巴马政府出台的《改革蓝图》两个法案，根据这两个法案的主要精神分别制定了《2002—2007 年战略计划》和《2007—2012 年战略规划》，作为核心素养教育目标有效落实的法律保障。

欧盟也积极探索建构核心素养教育质量保障框架。2001 年 5 月，欧盟委员会教育和文化总司发表“欧洲学校教育质量报告”，提出学校教育质量评估的四个领域16个指标。2002年，欧盟委员会组织31个欧盟成员国专家、国际组织代表评估欧盟成员国核心素养目标达成进展状况，分析成功实践范例，最终厘定了包括教师、高校数学理工科毕业生、知识社会技能、教育投入、开放学习环境、学习吸引力、外语学习、教育流动等八个关键领域29个评价指标。2007年2月，欧盟委员会起草“监测里斯本教育和培训目标进展的指标和基准的统一框架”文件，对29个评价指标进行调整，最后敲定并批准16个监测教育进展的核心评价指标，具体包括学前教育参与率、特殊教育、早期离校生、阅读、数学和科学素质、语言能力、信息技术运用能力、公民素养、学会学习能力、高中教育完成率、教师教员专业发展、高等教育毕业生、高等教育跨国流动、成人终身学习、成人能力、人口教育成就、教育培训投入等，涵盖终身学习的整个系统，体现了教育质量的全程全面监测特征。

二、国内关于“核心素养”的研究现状

（一）台湾学者关于核心素养的研究

台湾学者认为，“核心素养”能培育健全国民与终生学习者，可作为各领域科目垂直连贯、水平统整的课程设计的核心。并认为核心素养包括沟通互动力、社会参与力、自主行动三方面，身心素质、系统思考、规划执行、符号运用、科技资讯、艺术涵养、道德实践、人际关系、多元文化等九项内容，强调以人为本，培养终身学习者。核心素养可透过各领域科目转化为各科目的核心素养，主要是依据国民核心素养与该教育阶段核心素养的特色，并参考该科目的课程标准，进行交叉对照及统整后形成的。横向层面上，核心素养具有横跨各种多元社会领域和科目的广度，打破了单一科目的传统疆界，核心素养的培养是由各科目领域共同实践、合作完成的。纵向层面上，改革依据个体身心发展阶段的具体内涵，依序分为国

小、国中、高级中等教育等三个教育阶段，在自主行动、沟通互助和社会参与等方面循序渐进，培养学生成为现代国民。

（二）香港学者关于核心素养的研究

香港地区的《学会学习——课程发展路向》中的“课程架构”由学习领域、共通能力及态度和价值观三个互相关联的部分组成，九项共通能力贯穿于八大学习领域中。个人及社会的价值观和态度则渗透在各学习领域之内。单独列出的态度和价值观部分可以看作是香港关于核心素养结构的独特之处。价值观是构筑态度和信念的基础，态度和信念影响人的行为及生活方式。其中，价值观分成核心价值和辅助价值两大类。核心价值是所有人类社会都会一致强调的某些价值，是普适性的价值观；而辅助价值也十分重要，它们在运作上有助于维持核心价值。该框架对于纳入学校课程的态度与价值观给出了明确的建议，形成一个体系：1. 核心价值（个人）包括生命神圣、真理、美的诉求等 11 项；2. 辅助价值（个人）包括自尊、自省、自律等 14 项；3. 核心价值（社会）包括平等、善良、仁慈等 12 项；4. 辅助价值（社会）包括多元化、正当的法律程序、民主等 13 项；5. 态度包括乐于参与、批判性、具有创意等 18 项。

（三）大陆学者关于核心素养的研究

大陆关于“核心素养”的研究缘起于素质教育。2000 年前后，有关素质教育的著述包括顾明远、孟繁华主编的《国际教育新理念》（海南出版社，2001 年版）；郑金洲的《教育通论》（华东师大出版社，2004 年版）；毋小勇等的《论构建我国 21 世纪高等教育创新课程体系之理念》（高等教育，2000.02）；陈冀平的《高师院校创新教育与课程结构改革》（高等教育，2000.04）；姜瑛俐等的《构建培养创新型教师的课程结构》（高等教育，2000.03）；杨叔子等的《人文教育：情感、责任感、价值观》（河北建筑科技学院（社科版），1999.03）；张继华的《论高校课程改革及发展趋势》（高等教育，2000.10）；陈伏琴的《大学课程体系改革与创新人才的培养》（教育研究，1999.11）。特别是潘懋元的《多学科观点的高等教育研究》（上海教育出版社，2001年版）和《多学科观点的高等教育》（高等教育研究，2002.02），王伟廉的《高等教育学》（福建教育出版社，2001年版），谢作栩的《中国高等教育大众化发展道路的研究》（福建教育出版社，2001年版），潘懋元、谢作栩的《试论从精英到大众高等教育的"过渡阶段"》（高等教育研究，2001.02），谢作栩和黄荣坦的《20世纪下半叶中国高等教育规模发展波动研究》（教育研究，2000.10），王伟廉的《试论高校教学对科研的促进作用》（高等教育研究，2001.01）等系列著作和论文中，提出了"教学运行机制改革"的概念，高等教育大众化阶段"多样化教育质量观""从精英到大众高等教育的'过渡阶段'论"等思想观点。2004年11月12日顾秉林则就学生全面素质教育和拔尖创新人才的培养，强调实践教育是非常重要的渠道，要大大加强以老师为主导、学生为主体，师生结合的教学实践、社会实践、科研实践、生产实践。

从2001年起实施的基础教育课程改革，一直重视学生态度与价值观教育。知识与技能、过程与方法、情感态度价值观的三维目标观，全面体现在各学科课程标准和教学、评价等各个方面。从2014年起进行的新一轮课程改革中，"落实立德树人"被作为课程改革的根本任务。教育部文件明确要求把培育和践行社会主义核心价值观融入国民教育全过程。目前有关学生发展核心素养的研究还在进行中，例如《中国学生发展核心素养》项目组将我国学生发展核心素养归为九大素养、23个基本要点、70个关键表现。

以林崇德教授为首的专家团队经过长期的研究得出的结论是：学生发

展核心素养是指学生应具备的、能够适应终身发展和社会发展需要的必备品格和关键能力。普遍认可的“核心素养”的界定是指“学生在接受相应学段的教育过程中逐步形成起来的适应个人终身发展与社会发展的人格品质与关键能力”。这是符合世界潮流的，也是我国课程发展的必然诉求，是学校教育从“知识传递”转向“知识建构”的信号，标志着我国学校的课程发展进入了新阶段。

第二节　小学教师核心素养培育的价值诉求

高素质、专业化的小学教师队伍建设，是我国基础教育发展和新一轮教师教育课程改革推进的根本保障。2012 年颁布的《小学教师专业标准》对小学教师的基本素养和要求进行了细致、专业的梳理和规范，2016 年提出的“中国学生发展核心素养”使我们不仅要关注基础教育领域的学生发展核心素养问题，而且需要我们重新思考小学教师的核心素养。因此，探讨小学教师核心素养培养的价值诉求，有利于培育教师必备的、能够适应终身发展和社会发展需要的必备品格和关键能力，促进小学教师的专业发展，顺利推进教师教育课程改革。

一、积极正向的情感素养——为师之本

小学教师核心素养培育的价值诉求可以从积极正向的情感素养——为师之本、终身学习的知识素养——为师之资、实践创新的能力素养——为师之实三方面来探讨，其中最基本的价值诉求是培养小学教师具有积极正向的情感素养，使小学教师成长为“懂得爱的教育”的教育者，从而使小

学生成长为“懂得爱”的学生以致其最终成长为“懂得爱的人”。在一节课中师范生进行“故事续写”，思考为什么学习小学教育专业：校园里的花房里开出了一朵最大的玫瑰花，红艳艳的花朵就像一张可爱的婴儿的笑脸，全校的同学都非常惊讶，每天都有许多同学来看。这天早晨，又有许多同学来观赏玫瑰花。他们一边看，一边赞不绝口。这时，来了一个大约五六岁的小女孩，她径直走向那朵最大的玫瑰花，摘下来，抓在手中，从容地向外走去。故事续写，如果你是这所学校的老师，看到这种情形，你会怎么做？大多数的师范生表示要教育小女孩不能损害公物，要对小女孩做出处罚。这则苏霍姆林斯基的真实事例反映出如何让师范生获得懂得爱的教育，增强对人性美的感悟的重要性。因此，培养小学教师具有积极正向的情感素养是小学教师首要素养，是为师之本。

（一）积极正向的情感素养——为师之本

“习近平总书记提出好老师的四项标准是有理想信念、有道德情操、有扎实学识、有仁爱之心。”可见，好老师的四项标准中有三项是关乎于教师基本的情感素养。《标准》提出小学教师专业标准的基本理念的前两项是师德为先，学生为本；基本内容中第一个维度是从职业理想与认识、对小学生的态度与行为、教育教学的态度与行为、个人修养与行为四个领域论述小学教师的基本理念与师德。[①] 因此，小学教师核心素养的培育首先要使小学教师具有积极正向的情感素养，主要可以从以下几方面来理解：

小学教师坚定的理想信念包括坚持中国特色社会主义道路，担负中华民族伟大复兴的历史使命；贯彻党和国家教育方针政策，遵守教育法律法规，树立育人为本、德育为先的理念，始终把“立德树人”作为小学教师

① 教育部教师工作司．小学教师专业标准（试行）解读 [M]. 北京：北京师范大学出版社，2013.134—138

恒久的追求。这个时代是一个幸运的时代，也是一个充满挑战的时代，面对着多元文化以及新媒体的冲击，我们每天都处在信息变革的时刻，但无论新鲜事物多么迅速地出现，唯一不变的就是作为小学教师要言传身教、“立德树人”。小学教师应是小学生获得知识的引导者，小学教师应针对每个小学生的“不同”，从人性美的角度出发给予小学生爱的教育，不是传统的道德说教，而是要将“立德树人”作为根本出发点，成为学生共同学习的伙伴，通过自身言传身教，将正能量传递给学生，让他们在学习知识的同时，提升学生的品格，引领学生树立远大志向。

（二）“五爱品质”是情感素养的核心

小学教师情感素养的核心是“爱”，具体是“五爱品质”，包括爱生命、爱自己、爱教育、爱儿童、爱角色。《标准》指出小学教师要富有爱心、责任心、耐心和细心；小学教师要善于自我调节情绪，保持心态平和；要关爱小学生，重视小学生身心健康，将保护小学生生命安全放在首位，这都是“五爱”的体现。其中，爱生命包括对自己的爱以及对他人的爱，对自己的爱包括对职业角色的爱、对小学生的爱，这“五爱”中最重要的就是爱生命，因为它将爱学生、爱角色、爱教育融为一体，而“苏霍姆林斯基的事例”亦是对爱生命的体现；爱教育即要热爱小学教育事业，具有职业理想和敬业精神，把学生培养成国家的栋梁；爱儿童即要关爱小学生，尊重小学生独立人格，维护小学生合法权益，平等对待每一位小学生，信任小学生，尊重个体差异，主动了解和满足有益于小学生身心发展的不同要求；爱角色即认同小学教师的专业性和独特性，注重自身专业发展。这“五爱”中，最终的目的是要培育小学教师成为“懂得爱的教育者”，使自身以及小学生具备“美好的人性”。

（三）高尚的道德情操是情感素养的目标

小学教师要传道授业，自己就要具有高尚的道德情操，做道德的楷模，因此，要培养小学教师具有高尚的师德、高尚的道德情操，使小学教师践行社会主义核心价值观，履行教师职业道德规范，依法执教，自身作则，掌握教育规律，具有高尚的师德，做小学生健康成长的指导者和引路人。小学教师教育者要培养小学教师在充分关爱每一个小学生的基础上真心地读懂小学生、真正关心每一个小学生；同时要在职前教育阶段中通过案例教学、教育实习等充分培养小学教师的道德情操，使之自尊自律，具有高尚的师德。

二、终身学习的知识素养——为师之资

教师的专业发展必然会伴随其整个职业生涯，是一个终身学习的过程。教师教育者应培养小学教师具备终身学习的观念以及终身学习能力，使他们善于根据自己的专业发展需要选择合适的学习内容。小学教师专业标准的基本理念之一是终身学习，基本内容中第二个维度是从关于小学生发展的知识、学科的知识、教育教学知识、通识性知识四个领域论述小学教师的专业知识。因此，小学教师终身学习的知识素养，从以下几方面来理解：

（一）小学生发展知识是知识素养的前提

教学工作的基本首先是了解教学对象，掌握关于小学生发展的知识能够使小学教师的教学更具有针对性，提升教学效果。小学教师要了解小学生学习的特点，掌握小学生良好行为习惯养成的知识；了解不同年龄及有特殊需要的小学生身心发展的策略与方法；掌握小学生安全防护知识，发展和保护的有关法律及政策规定；了解幼小和小初衔接阶段小学生的心理特点等。因此，教师教育者要在与学生共同学习小学学习与发展的知识、儿童发展阶段与特征、心理测量等方面的知识之外，还要在日常课堂教学中结合实际案例以及当前关于小学生热点问题的探讨加深对小学生发展的

理解，同时通过教育见习、实习深入接触小学生，将关于小学生发展的知识理论与实践相结合，全方面地认识、了解小学生发展的特点。

（二）学科知识是知识素养的主体

学科知识是扎实学识的基础，教师的责任是知识传授，而学科知识的掌握是小学教师应具备的最基本的知识素养，即小学教师要具有淳厚的知识底蕴。小学教师应当是全科型的，这里的学科知识不仅仅指小学教师应具备所教学科的专业知识，还应具备小学综合性的知识，要了解多学科的知识体系；要了解所教学科与社会实践、少先队活动的联系及与其他学科的联系。因此，教师教育者要在职前、在职和之后教育阶段培养小学教师不仅要熟悉学科知识，还要能够对学科知识有宏观的理解和把握，由此帮助小学生建立知识点之间的联系。同时，培养小学教师的学科整合能力，不仅教给学生本学科的知识，而且能够超越本学科限制，在学科之间建立联系，拓展应用学科知识解决问题的能力，为培养全科型的小学教师做好准备。

（三）教育教学知识是知识素养的基础

掌握小学生发展知识和跨学科综合性知识后，如何将这些知识有效地传递给小学生，这就需要小学教师具备教育教学知识素养，因此，教育教学知识是最能体现教师专业品性的一个方面。因此，小学教师教育者首先要通过有关教学设计、教学实施、教学方法以及教学评价等课程培养学生的一般教学能力，使教师将学习内容以最优的方式呈现给学生；其次，结合案例、情境教学等增强小学教师的教育教学知识获得；最后通过班级管理知识增强小学教师创设良好教学氛围与保持良好的班级教学秩序，以更好的掌握教育教学知识，以小学生易于理解的方式将知识呈现出来。

三、实践创新的能力素养——为师之实

《标准》提出小学教师专业标准的基本理念中“能力为重”，即小学教师要把学科知识、教育理论与教育实践有机结合，突出教书育人能力；提升教育教学专业化水平；坚持实践、反思、再实践、再反思，不断提高专业能力。基本内容中小学教师专业能力维度从教育教学设计、组织与实施、激励与评价、沟通与合作、反思与发展五个领域进行论述。因此，小学教师核心素养的培育还应使小学教师具有实践创新的能力素养，主要可以从以下几方面来理解：

（一）反思实践能力是能力素养的基础

小学教师专业是实践的专业，教师的专业发展必须落实到教师“育人实践”能力的提升上。教师要成为反思性实践者，真正的教学就是一种反思性实践，教师需要考虑在各种不同的教学情境中如何进行有效教学，也就是说反思能力包括教师对课堂教学能力，教育教学设计方面的能力以及教育教学组织与实施、激励与评价实践能力的反思；而教育实践的开展能够让小学教师更加体认到教师角色的专业性，更加恪守教师伦理道德，尽职尽责地完成社会所赋予的使命；教育实践的开展使小学教师有机会将自己所获得的专业知能付诸实践，在实践中检验自己所学的知识，反思教学中出现的问题，从中总结经验和教训，形成自己的教学实践知识。随着教学实践知识的不断积累，教师逐步建构出一套属于自己的教育理论，养成独特的实践智慧，不但使教学逐渐成为自己生命的一部分，而且使其由技术转变为艺术。因此，教师教育者要既重视小学教师的教育实习也注重平时的教育见习，丰富职前教育实践的形式，延长教育实践的时间；加强“U—D—S”协同培养模式；同时在课堂教学中进行案例教学，强化课程的实践意识，关注现实问题；教师教育者在职前教育阶段中应引导师范生针对自己的教学实践进行反思，逐步养成反思的习惯，最终形成实

践——反思——再实践——再反思的能力素养。

（二）创新素养是能力素养的前提

《标准》指出小学教师能力构成的多维度，既要具有课堂教学能力，更要注重教育学生的能力；既要具有教育教学设计方面的能力，更要注重教育教学组织与实施、激励与评价方面的实践能力；既要具有教育教学能力，也要具备教师之间、家校之间、学校与社区之间相互沟通、合作教育的能力，以及教师自我反思与专业发展的能力等①。而创新能力与合作能力是学生核心素养的重要部分，因此，在实践中小学教师如何运用这些能力培养小学生的创新与合作能力，这就需要小学教师具备创新素养，这里的创新素养包括课程设计与创新意识。教师教育者要培养小学教师以创新的思维，在课堂教学中通过开放式的问题设计、提问层次的把握、有效的交互反馈，来启发和引导学生思维的发展[10]，培养学生的创新能力。

（二）沟通合作能力是能力素养的主体

教学工作是在实践中进行，在反思中进行，而不是在“象牙塔”中进行。《标准》指出小学教师要善于倾听，与小学生进行有效沟通；使用符合小学生特点的语言进行教育教学工作；与同事合作交流；与家长、社区有效沟通合作，共同促进小学生发展。因此教师教育者要在教育见习、实习、课堂教学中培养小学教师把抽象的知识点变得清晰化，能够选择恰当的概念解释方法，有效地将概念传达给小学生，能够倾听小学生的观点，了解小学生在课堂当中的反应和回应，能够了解小学生的心理变化，从而生成有效课堂。

① 惠中．基于“标准”的小学教师核心素养的培育［J］．中国德育，2017（5）：18－21.

第三节 小学教师核心素养的基本内涵及培育

一、小学教师核心素养的基本内涵

教师素养的高低直接影响到教育事业的发展状况。打造一支高素质、专业化的教师队伍，是我国基础教育发展和课程改革顺利推进的根本保障。教师专业标准是规定从教人员所应具备的基准性专业品质，是教师专业化的必要条件。2012 年教育部颁布的《小学教师专业标准》(以下简称《专业标准》)，明确了一名合格小学教师专业素质的基本要求，这是小学教师开展教育教学活动的基本规范，是引领小学教师专业发展的基本准则，是小学教师培养、准入、培训、考核等工作的重要依据。《专业标准》的颁布是我国教师专业化进程中的重要里程碑，是在我国已颁发的各类教师教育标准中处于统领地位的文件，因此在思考“小学教师核心素养”这一命题时，必须要将《标准》中有关核心素养的部分考虑进去。在《标准》的基础上去探讨小学教师核心素养的培育途径时既要坚持教师教育标准中关于小学教师素养的基本内容，也要按照核心素养关于“能够适应终身发展和社会发展需要的必备品格和关键能力”的思想，进一步提炼和阐释小学教师的专业素养，以推进教师教育研究，加深对小学教师专业性的认识。

对于教师的专业素养，《小学教师专业标准》的基本结构和维度与国际教育界的思路基本一致，都是按照知识、能力、态度这三个维度来体现教师核心素养的。根据《小学教师专业标准》的基本框架，我们可以将小学教师核心素养的基本内涵界定为教育情怀、专业知识、专业能力的三位一体，并以此作为三个维度，来研究适应小学教师专业成长和职业发展需要的“必备品格和关键能力”。

（一）教育情怀

所谓教育情怀，主要指的是小学教师的教育品格。品格的形成和发展，是核心素养的第一要素。基于《标准》对教育情怀的表述，笔者将教育情怀具体细化为仁爱之心、好奇心、责任心。

1. 仁爱之心

仁爱之心要求教师要尊重生命的价值，不仅要尊重自己的生命，更要善待他人的生命，对教师而言就是要有一种生命的敬畏，要涵养善良的品质。表现为爱学生、尊重学生的个性、宽容学生的不足，关心学生的成长。好老师应该把自己的温暖和情感倾注到每一个学生身上，用欣赏增强学生的信心，用信任树立学生的自尊，让每一个学生都健康成长，让每一个学生都享受成功的喜悦。

2. 好奇心

对教育始终保持好奇心是一名智力素质良好的的教师的体现，教师要始终有旺盛的求知欲，始终喜欢用自己的头脑进行独立思考，研究学情，钻研教法，精益求精。为了保持这份纯真的好奇，让它开花结果，就需要我们保持头脑的清醒和认真。头脑的认真归根到底是在知识的根据问题上认真，一种认识是否是真理，一定要追问其根据。一种教育方法是否合理，一定要追问其成效；二是推理是否合乎逻辑，教育是否符合规律，需要不停靠教学实践去验证。为了保持这样一种智力生活的习惯，教师不仅要有好奇心这一原动力，钻研探索，研修专业，同时还要有宽阔的精神视野，丰富的精神生活，做一个精神富有的人。

3. 责任心

责任心反映的是教师的职业认知和态度。在小学教育阶段，小学生正处于社会化的关键时期，小学教师的职责除了教书之外，立德树人更加重要。这就是经师易得，人师难求。即使就学习而言，小学教师不仅是知识的传授者，更应是儿童学习的促进者，要注意培养小学生的学习兴趣，帮助他们养成良好的学习习惯，为他们未来发展铺路搭桥。因此，小学生发展是小学教师工作的出发点与归宿，正是在帮助学生发展过程中，小学教师才能实现自身专业发展。

（二）专业知识

所谓专业知识，主要是指小学教师知识结构的合理性。《小学教师专业标准》规定小学教师的专业知识包括：小学生发展知识、学科知识、教育教学知识、通识性知识。对于各类知识在知识结构中的地位及其相互之间的关系，应以通识性知识为基础，以小学生发展知识为前提，以学科知识为主体，并辅之以必要的教育教学知识。而且，还应该特别强调小学生发展知识和跨学科综合性知识的重要性。

（三）专业能力

所谓专业能力，主要是指小学教师的能力结构应该由强调单一的教学能力转变为关注综合教育教学能力。《小学教师专业标准》对小学教师专业能力的规定即体现了这一精神。它强调小学教师能力构成的多维度，既要具有课堂教学能力，更要注重教育学生的能力；既要具有教育教学设计方面的能力，更要注重教育教学组织与实施、激励与评价方面的实践能力；既要具有教育教学能力，也要具备教师之间、家校之间、学校与社区之间相互沟通、合作教育的能力，以及教师自我反思与专业发展的能力等。也就是说，阐释小学教师核心素养应坚持能力和实践导向的原则，关注小学教师多方面能力的发展，特别是教育教学实践能力的发展。

二、小学教师核心素养的培育

小学教师的核心素养并不是如同一个人的性格一样与生俱来的，而是通过后天在实践中的不断尝试与反思而培养起来的。所以，《小学教师专业标准》强调小学教师要“坚持实践、反思、再实践、再反思，不断提高专业能力”。也就是要求小学教师要高效率学习、在实践中反思、勤于思考研究和终身学习，这些都是养成小学教师核心素养的基本途径。

对于小学教师核心素养的培养途径的研究，笔者认为要从两大方面进行思考，第一是对于未来有可能成为小学教师的高校师范生的培养，第二则是对已经入职的小学教师的培养。要从教育体系的宏观方面进行合理规划，找到培育小学教师核心素养的合理途径。

（一）职前教师教育培养模式的创新

我国小学教师的培养模式，在学科方向上主要有综合型、大文大理型、先综合后分方向、分方向（如小学语文、数学、英语、科学、音乐、体育、美术、现代教育技术）等 4 种。根据小学教师专业知识综合性的特点，借鉴发达国家和地区的经验以及小班化教学的趋势，需要积极探索本科学历小学教师全科综合培养模式，即由高等师范院校专门培养的、掌握教育教学基本知识和技能、学科知识和能力结构合理、能承担小学阶段国家规定的各门或多门课程教学工作的小学教师。如我国台湾地区文化课实行包班教学，称为级任教师，音体美等技能学科的教师称为科任教师，担任一个年级的学科教学任务。我国小学的师生比与国外差不多，实施小班化教学的难度就在于缺乏全科型师资。2012 年年底教育部印发的《关于深化教师教育改革的意见》中明确提出“完善小学教师全科培养模式”的要求，并将进行改革试点。这几年，我国的湖南、山东、浙江等省已开始探索培养全科小学教师，值得借鉴。因此，我们要积极探索大学文化基础教育与教师专业养成教育相融合的综合培养模式，既要注重学生在知识、能力和专业素质方面的发展，更要注重未来教师气质的培养和文化熏陶。

（二）掌握高效率的学习方法

学会学习是21世纪人才的四大支柱之一，在小学教师核心素养的养成过程中应处于首要地位。在学会学习的基础上，小学教师是否能够进行高效率的学习更是体现其综合性核心素养的标志之一。21世纪，信息知识以爆炸式的方式呈现，知识每时每刻都在产生，同时每时每刻都在变化，学生掌握知识的途径不再是仅仅通过教师和书籍的方式传递，他们掌握的信息可能比小学教师的知识储备更全面、更新颖。这就给小学教师提出了更高的要求，知识是无穷无尽的，要想全部掌握根本是天方夜谭，有的小学教师为了能够适应这种改变，几乎是用自己的全部休息时间去读书，手不离书已经成为部分小学教师的生活常态，但是，这并不意味着这样的学习方式就是积极的、有效的，归其原因，主要是因为这些教师还不会学习。掌握知识的数量对于教师来说很重要但并不是最重要的，重要的是要学会学习，高效率学习，能够在搜集、整理信息的过程中掌握适合自己的学习方式，能够快速在众多信息中找到对自己专业发展有用的知识。

（三）在实践中反思

在实践中反思是教师职业的基本特点和对教师的基本要求。教师应该是反思性实践者，是在解决教育教学实践问题和反思个人经验的过程中实现自身专业发展的。但是由于我国长期以来存在的教学方式的弊端，教师在接受教育时便是强调知识的学习，忽视教育实践的积极作用。教师在工作之前接受的职前师范教育可能就是以课堂讲授为主的，系统学习了教育学原理等基础知识，但是却没有很好地进行教育教学实践活动，在小学的见习与实习期间，更多的是做一些琐碎的工作，没有进行教育反思的充分条件。在入职之后的培训方面，小学教师被要求学习理论知识，对教育教学的研究方面有自己的见解，这一方面有利于教师在进行研究的过程中形成自己的反思体会，但是这种形式的学习反思更多是以学术研究为主，内容相对地脱离教育教学的实际需要。

小学教师核心素养的养成必须经历由重知识学习到重实践反思的转型。小学教师要强化实践意识，重视自己的个人经验，立足于亲身经历的教育场景和教学情境，通过自己的实践体验，学习和运用教育理论，并注重实践后的反思，主动建构属于自己的教育知识，不断发展教育教学实践能力，逐步成长为一个专业工作者。

（四）勤于思考研究

勤于思考、勤于研究是小学教师快速成长的保障。小学教师这一职业被很多人简单错误地理解为“教书匠”，认为只要随着教书时间的不断增长，教育教学的实践能力都会随之提高，一个授课内容只要多教几遍，任何教师都会教好。其实这种想法是十分错误的，如果一个教师只满足于把该讲的内容讲出来，不根据实际情况去调整自己的教学内容、教学方式，不反思自己在教学和育人中存在的问题，不去研究最新的教育教学理论的话，这样的教师终究会被时代所淘汰，即使仍然在小学任教，也不会有所作为。这里我说的“研究”可以说是很全面的，比如了解所教科目的课程标准、教材、教师参考用书、名师课堂实录等可以看得见摸得着的材料，除此之外，更要求教师有足够的耐心去了解学生个体，因为每一个孩子在性格，学习能力，接受新知识的快慢、接受程度等方面都不会是完全一样的，教师要根据每个学生的个人情况因材施教，了解他们的认知特点和发展差异，采取恰当的教育方法，促进他们的全面发展和个性发展。

（五）终身学习

终身学习是时代与社会发展的必然要求，小学教师应该成为终身学习的践行者。随着我国基础教育课程改革的不断深入进行，在小学教育领域中不论是教学内容还是教学方法都处于不断变革的过程中，小学教师也必须适应这种变化，树立正确的教育理念，不断地汲取新知识、采用多变的教学方式。而且，小学教师专业发展是连续性和阶段性的统一，在职前培养、入职、合格和优秀教师专业成长的每一个阶段，都会有新的要求和挑战，需要我们具有终身学习与持续发展的意识和能力，持续不断地学习、学习、再学习，成为终身学习的典范。

第四节 小学教师核心素养培养体系构建

小学教育专业学生是未来的小学教师，他们的核心素养将极大影响小学生在关键成长期需要养成的适应终身发展和社会发展需要的必备品格和关键能力，特别是将承担如何“对学生德智体美全面发展总体要求和社会主义核心价值观的有关内容具体化、细化，转化为具体的品格和能力要求，进而贯穿到各学段，融合到各学科，最后体现在学生身上，深入回答‘培养什么人，怎样培养人’的问题”。小学教育专业学生核心素养体系应如何构建，核心素养体系与课程标准的关系、基于核心素养的学生专业发展与学习环境创设等问题需要进行思考。

一、现行课程标准与核心素养体系的关系

纵观世界各国近年来在基础教育改革中呈现出“在课程标准的内容上逐渐呈现关注学生发展，强调培养适应现代社会所需的能力，注重课程的整合性，强调传统学科融合的趋势。”我国基础教育的课程标准是“从具体学科出发，按照学科教学规律规定了关于教育过程应该满足的标准，解

决的是‘如何教’的教育问题；学生核心素养体系是从人的全面发展角度出发，体现与培养解决的是‘培养什么样的人’的教育问题。”核心素养体系是为了引导课程内容的选择、教学实施过程的组织等从重视学生知识结构向培养学生的核心能力和素养转向，在核心素养体系的指导下，促进课程标准和课程体系的改革。

二、建构学生核心素养培养体系

关注学生发展核心素养，需要全体教育人树立新的人才观、教学观、教育观、课堂观。特别是以学生发展核心素养为指向，来审视课堂教学时，我们需要摒弃传统“高效”课堂的追求，赋予“高效”以新的意义，重构课堂中的师生关系、学习方式、知识呈现等课堂生态，为促进核心素养的养成开拓新课堂。南京师范大学王占宝教授认为：“教师是基础教育质量中最重要的影响因子，任何教育思想、教育新理念，只有通过教师的教学行为去呈现出来，传递至学生，并以此为桥梁，达成教育目标。”为此，培养面向基础教育的小学教育专业学生是落实与推进学生核心素养的基石，培养学生的教育价值观、专业品质、个人素质、教学能力等，构建基于核心素养的课程体系尤为重要。

北师大肖川教授认为：“从学科角度讲，要为素养而教（用学科教人），学科及其教学是为学生素养服务的，而不是为学科而教，把教学局限于狭隘的学科本位中，过分地注重本学科的知识与内容、任务和要求，这样将十分不利于培养视野开阔、才思敏捷并具有丰富文化素养和哲学气质的人才。”小学教育专业学生所开设的任何学科的课程设置与课堂教学不应仅仅单纯的教学科的知识、技能和能力，而更要注重指向人的精神、思想情感、思维方式、生活方式和价值观的培养与提升，要把学生培养成为知识丰富、思维深刻、人性善良、品格正直、心灵自由的能胜任核心素养下的小学学科教师。

要结合学科教学有机地进行价值引领。在不同的学科教学中要培养基于核心素养的教师必备素质，培养具有团结合作、运用知识、技术和信息、融入社会的能力，在教与学中培育小学教育学生的价值引领能力，要善于发现学科教学内容背后的价值因素，能够挖掘学科教学内容中隐性的价值，形成价值引领的思维与能力，通过学科教学外显或内隐地传递着价值观，影响并促进学生价值观的形成。

要培养科学的思维方式。美国教育学家克罗韦尔指出："教育面临的最大挑战，不是技术，不是资源，不是责任感，而是……去发现新的思维方法。"科学思维方式的培养是奠基核心素养的能力基础，在课程设置、实践教学与社团活动中要注重加强对学生的科学精神和客观性思维能力的培养，形成批判精神和质疑能力，即培养学生独立、独特、个性、新颖的思维和想象能力，学会用事实、实证、逻辑、推理和论证进行思维的能力。

要塑造优秀、良好的品格。有专家指出，衡量一个人是否是"受过教育的人"的根本标准，不在知识，而在美德，除了各种良好的行为习惯，还包括那些更具有道德意味的品德，如仁慈、公正、诚实、宽容、讲信用等。有一名记者采访一位诺贝尔奖获得者，问："您在哪所大学学到了您认为最重要的东西？"那位诺贝尔奖获得者平静地回答："在幼儿园。"记者接着问："您在幼儿园学到了什么呢？"诺贝尔奖获得者说："学到把自己的东西分一半给小伙伴；不是自己的东西不要拿；东西要放整齐；饭前便后要洗手；要诚实，不撒谎；打扰了别人要道歉；做错了事要改正；大自然很美，要仔细观察大自然。我一直是按幼儿园老师教的去做的。"这位诺贝尔奖获得者的答记者问告诉我们：一是良好的品行和习惯是一个人事业成功的基本条件，二是小时候受到的教育对人的终身发展作用非常大。笔者认为，这两点是学校和家庭教育特别要重视的问题。孩子品格形成的关键期在少儿时期，少儿时期忽视甚至放弃对孩子的品格教育，必然给孩子留下隐患甚至危险。多年的教育实践已经证明张扬个性的必要性，但决不能忽略对孩子的公德教育，必须从小培养孩子礼让仁和、合作共进的为人智慧。

值得强调的是，品格只能由品格来塑造，人格只能由人格来培养，要求学生做到的教师必须先做到。教师的劳动有特殊性，在引导学生认识周围世界的同时，自己也作为周围世界的一个重要成分（活的形象）出现在学生面前，参与到学生的认识过程之中。这是因为教学不仅是知识的输出，也是教师内心世界的展现，教师在教学过程中自然流露的思想、品德、风貌、学识、才能、作风、言谈举止、待人接物无不潜移默化地影响、感染和熏陶着学生的心灵。学生有向师性，从幼儿园儿童到大学生都有模仿教师的倾向。所以，无论教师是否意识到，事实上教师的言谈行为、为人处世的态度都被学生视为榜样，被学生竭力模仿。因此，小学教育人才培养中要加强对本科生塑造优秀、良好的品格。

要参照“四好教师”和“四个引路人”的要求构建小学教育学生的核心素养体系。2014 年 9 月 9 日，在第 30 个教师节来临之际，习近平总书记亲临北京师范大学对师生提出了好教师的四个特质。他说好教师要有理想信念，好教师要有道德情操，好教师要有扎实学识，好教师要有仁爱之心。”2016 年 9 月 9 日，习近平总书记来到他的母校北京市八一学校看望教师和同学们，在与教师和学生座谈中，总书记发表重要讲话，他指出，教师不仅要做“四好教师”，还要做好“引路人”，他说：“广大教师要做学生锤炼品格的引路人，做学生奉献祖国的引路人。”因此“四好教师”

与“四个引路人”将是小学教育专业学生培养目标制定的指导思想和依据，是对未来承担小学教育的教师专业发展的核心素养的新要求，是对小学教育专业学生专业素养具体细化，体现了基于我国学生发展核心素养体系下的学生观、教师观和教育观。

第五节　核心素养视域下的小学教育专业课程设置

1966 年，联合国教科文组织巴黎会议通过《关于教师地位的建议》：“教师工作应被视为一种专业，它是一种要求教师经过严格训练而持续不断地学习研究，才能获得并保持专业，它还要求对其管理下的学生的教育和福利具有个人的和公共的责任感。”[①] 我国在 1994 年颁布的《教师法》中也第一次从法律上确认了教师的地位：“教师是履行教育教学职责的专业人员。” 由此，教师作为专业人才应具有的专业知识和专业条件就成为教师教育需要思考和研究的重要问题之一。

舒尔曼认为教师专业知识由七部分构成：一般教学法知识、学科内容知识、学科教学知识、关于教育目标及价值的知识、课程知识、教育情境知识、针对学习者的知识。目前大家公认的教师知识包括四个方面：本体性知识（即舒尔曼的学科知识）、条件性知识（即舒尔曼的课程知识、教育学、心理学知识）、一般教学法知识和文化知识。《小学教师专业标准》对教师专业知识划分了五个模块：“小学生发展知识、学科知识、教育教学知识、通识性知识、教育教学设计。”国内外对教师专业知识的研究无一例外地都强调了学科知识。

① 万勇．关于教师地位的建议 [J]. 外国教育资料，1984，（04）：1-5.

在大学，学科是专业立身安命的根本，学科知识即是专业的本体知识，如汉语言文学专业的学科知识无疑是汉语言学和文学，物理学专业的学科知识无疑是物理学，哲学专业的学科知识无疑是哲学。小学教育作为一个专业，专业的学科知识即本体知识即该如何界定呢?

自从中师升格为专科和本科后，小学教育作为高校一个独立的专业，受专业学科化的影响，许多学校的人才培养方案分为语文教育、数学教育、英语教育、音乐教育、美术教育、体育教育等方向。立足专业确定专业学科知识，如语文教育的学科知识即为语文（汉语言知识 + 文学知识）；数学教育的学科本体知识即为数学；音乐教育的学科本体知识即为音乐，以此类推。从专业方向的视角还比较好判断哪些是本体性知识，哪些是条件性知识，哪些是实践性知识。

当下，小学教育专业是正在向全科或者多学科转向。2011 年，教育部颁布的《教师教育课程标准（试行）》要求小学教师必须精通两门以上的课程标准和教学法知识；2012 年教育部颁布的《小学教师专业标准》中的描述是："适应小学综合性教学的要求，了解多学科知识。"但也强调了"掌握所教学科知识体系、基本思想与方法。" 2014 年教育部《关于实施卓越教师培养计划的意见》中对对小学教师的愿景也是全科教师："针对小学教育的实际需求，重点探索小学全科教师培养模式，培养一批热爱小学教育事业、知识广博、能力全面，能够胜任小学多学科教育教学需要的卓越小学教师。"学科知识从两门到多学科到全科，全科教师视域下的小学教育专业的本体知识该如何确定。要厘清这个问题，还是要站在小学教育的专业立场，从儿童出发，从儿童的启蒙及其核心素养的培养谈起。

一、从儿童启蒙到儿童的核心素养

《易经》卦象曰："山下出泉，蒙，君子以果行育德。"古代之所以把小学教育称为“蒙学”，它的价值在于开启儿童的智慧，让儿童自身萌生的这股清泉找到一条通往大河的小溪，让小溪汇入大江大河，再让大江大河汇入辽阔的大海。在现代被称为“基础教育”，教育价值指向在于育德，打好人生精神的底子；开启人生的智慧，积蓄人生发展的动力，最好是自己能制造永动力。这个时期精神的底子打好了，心灵的成长也就在潜移默化中水到渠成。否则等日后身体长大成人，精神和心灵却成为长不大的侏儒甚至萎缩退化，那个时候即使是“鞭笞”也没有多大效果，徒增怨愤而已。

怎样开启智慧，打好基础，制造动力，也是教育家一直在探讨的问题。

游戏是孩子们建构世界的一种方式。游戏是儿童的天性，也是人类的天性，人类世界的规则可以追溯到儿童的游戏。游戏最主要的是规则，儿童沉浸在自己的游戏世界中，用自己的规则建构世界，体验各种生活，如玩过家家体验家庭生活、玩打仗体验作为英雄或者坏蛋的感受。有的游戏是人际关系，有的游戏是竞技体育，有的游戏是探险发现，他们的游戏是全面的，包罗孩子们的整个世界。在这样的游戏世界中，他们自有评判优秀的标准，即规则。儿童的世界是丰富的、全面的，儿童的心灵也是丰富的、美好的。教育，就是利用儿童的天性，利用游戏的方式，发展他们良善的天性，丰富开阔他们的世界，增强他们对世界的认知和体验。只有自己体验过感受过的知识才能长成智慧。

因此，小学老师，不仅要成为通解儿童天性了解儿童心理的专家，更要成为设计游戏激发兴趣的大玩家。作为一个大玩家，说说唱唱、写写画画、蹦蹦跳跳的能力最好还是有一点。这就涉及到体育、艺术、语言等多学科知识，具备艺术欣赏及其体育游戏的能力。

儿童的世界很大，一花就是一世界，一沙就是一世界。由一朵花，思想就能遨游整个世界，由一粒沙就能推想整个宇宙。一朵花，一粒沙，就能让他有无数的疑问和困惑，足以让孩子的思维在生命的世界里遨游。而这样的世界是需要教师小心呵护，精心培植，让这种奇幻而浪漫的想象力不要丢失，并能生根发芽。因此我们的教师要懂儿童的世界，要具备儿童心理学和儿童认知发展特点的知识。

小学生对教师有一种天然的崇拜感、信赖感，认为老师是全知全能的超人，他们的好奇心、他们的疑惑感、他们不懂的问题，最先想到的是老师，而儿童的问题又是无所不有，无奇不有的，可谓是百科全书式的问题，如果老师的解答能让他们满意，就能激发他们更高涨的学习兴趣。小学生的学习是否有动力大都来自喜欢或者不喜欢一个老师。因此，小学老师，不但应当具备"百科全书"式的综合知识，更应该具备点燃兴趣开启智慧的知识和能力。因此近代的教育家夸美纽斯提出百科全书式的教育，他所编纂的《世界图解》就是一部包括自然、人类社会和语言文字方面的百科全书式的教科书。

21 世纪，世界各地的教育组织和教育家又把眼光聚焦在旨在促进学生全面发展的核心素养上。欧盟列出了八大核心素养：（1）母语交际；（2）外语交际；（3）数学素养和基础科技素养；（4）数字素养；（5）学会学习；（6）社会与公民素养；（7）首创精神和创业意识；（8）文化意识和表达。据师曼等人的研究，在国际组织和经济体对 18 项核心素养的调查研究中，其中"沟通与合作素养"排在首位，其次是"信息素养、创造性与问题解决、自我认识与自我调控、公民责任与社会责任、学会学习与终身学习、批判性思维、语言素养等"。①

由北京师范大学研究发布的《中国学生发展核心素养》以培养"全面

① 师曼，刘晟，刘霞，周平艳，陈有义，刘坚，魏锐 .21 世纪核心素养的框架及要素研究 [J]. 华东师范大学学报（教育科学版），2016，03：29-37+115

发展的人”为核心，分为文化基础、自主发展、社会参与三个方面，综合表现为人文底蕴、科学精神、学会学习、健康生活、责任担当、实践创新六大素养。

由此可见，国内外对核心素养的研究都很重视社会参与的沟通与交往能力及其语言素养、数学素养、信息素养等。并强调核心素养是在生活的情境中、实践的运用中形成。

鉴于对国际国内核心素养的研究，褚宏启提出了核心素养的特点是：是跨学科的，高于学科知识；是综合性的，是对于知识、能力、态度的综合与超越。①

核心素养的跨学科性特点和综合性特点，就要求我们的教师也应具备跨学科的基础知识和基本能力，具有开发资源、整合资源，开设综合课程的能力。

二、核心素养的培养及其对教师教育的挑战

纵观启蒙教育和基础教育对学生的核心素养的探讨，教育旨在寻找儿童发展的最关键最核心的要素，目的是促进人的健全发展，让人过上一种有尊严有诗意的幸福生活。获得核心素养，获取生活的能力，都要落实到具体的课程设置和教学上。

在小学课程设置上，有两种思路，一种思路是将核心素养融入到学科课程中去，如，在小学语文的课程中融入语言素养、交际和沟通能力、人文素养、思想品德等；在数学课程的学习中融入数学思维和数学观念、科学素养、实践创新等。澳大利亚整个基础教育阶段的课程，要求根据总体培养目标所提出的七项通用能力（读写、计算、信息和通用技术、批判性

① 褚宏启．核心素养的概念与本质[J]. 华东师范大学学报（教育科学版），2016，01：1-3.

和创造性思维、道德行为、个人和社会能力及跨文化理解）充分融入到各个学科之中。因为学科性质不同，有的学科能够将七项通用能力全部进行整合，有的只能进行部分整合。以跨文化理解素养为例，英语课程中要求“学生使用跨文化理解和创造一系列的文本，即呈现多元的文化视角和对各种文化背景的人与物的认同”，科学课程中除了指各学科知识的综合，还包括与科学有关的人文精神、价值观等科学方法和态度的综合；需要发展跨文化的理解、认同。除此之外，各学科均有专门的部分用于阐述本学科如何体现三大跨学科主题以及本学科与其他学科之间的关系。[①]

另一种思路是整合，走综合课程的道路，如苏格兰在其卓越课程中提出“跨学科主题学习要致力于让学生在关联和使用不同学科的知识解决跨学科问题过程中，增进其对各学科知识的理解”。为实现这一目标，在卓越课程框架中，基于艺术、健康与幸福、语言、数学、宗教与道德、科学、社会学和技术这八大课程领域，选取了可持续发展、世界公民以及企业与创业教育三大主题作为跨学科学习主题。

我国的小学教育，也在进行积极探索，有的在走学科融合之路，如刘宪华老师的主题探究阅读教学模式走的是语文学科与传统文化与生活的融合；有的学校在寻找各学科的整合点，如重庆谢家湾小学把学科课程整合为“阅读与生活、数学与实践、科学与技术、艺术与审美、运动与健康”五大类课程；有的以生活情境为主题开展综合性学习，如北京亦庄小学以情境活动开设综合课程；深圳明德学校不仅学科与生活结合重组内容；而且文理之间、各学科之间重组，设置跨学科的综合课程。

因此，基础教育课程改革带给教师的挑战，那就是课程观与教学观的重构，课程不再是条块分明的学科课程，而是课程资源的开发和加工利用的能力、跨学科教学的能力、课程整合的能力；教学也不再是教师“教”

① 李中国．综合实践型教师培养模式研究 [M]. 山东人民出版社，2013：135-154.

的琢磨，而是如何引导学生“学”的精心设计和组织。

同时，基础教育课程改革及核心素养的探讨也给高校小学教育专业人才培养带来了挑战，基础教育的改革与探索已经走在了培养师资力量的“母机”前面，“小学教育”作为高校一个专业，该如何培养合格的小学教师，在课程设置与教学方法方面同样面临挑战。因为高校是培养基础教育师资力量的源头活水。

三、从核心素养出发设置小学教育专业核心课程

教师教育作为专业具有双学科的特点，即教育和所教学科，而“小学教育”作为专业应该具备的学科专业是“教育 + 多学科”的专业知识。“小学教育专业”的专业学科首先应当是“教育”。正如联合国教科文组织《关于教师的地位和建议》第 19 条的陈述：“教师培养课程的目的在于培养学生的一般知识和教养、教育他人的能力、对构成国内外良好人际关系之基础的诸原理的理解，以及通过教学和表率而对社会的文化的和经济的进步做出贡献的责任感。”

儿童启蒙，需要教师理解儿童，尊重儿童的天性，设计儿童能够接受的教学方法，否则促进全人发展的核心素养便成为虚幻的理想。儿童认知发展的知识，以及针对儿童的教的知识和理论本身就是专业的知识，它是职业准入的条件知识，也是教育专业的本体知识。正如董奇教授旗帜鲜明地说：“育人能力是教师教育教学能力的核心。”

当然不能否定教师拥有多学科及其关于人文、社科、自然、科学等通识知识的重要性。《小学教师专业标准》中对专业知识的要求是“适应小学综合性教学的要求，了解多学科知识。”这与核心素养的特点是“综合的”思想是一致的。可我们的疑虑和不安是：第一，在大学有限的时间内如何追求多学科知识的系统性和完整性；第二，目前我们的基础教育，到

高中就开始文理分科了，到了大学，又开始综合学习，会出现心理和知识系统的断层；第三，因为时间、兴趣、能力所限，可能导致多学科知识学习的有效性，由此可能导致学科知识的浅薄而无法体验教学活动的微妙，并体味具有生命气息的教学真谛。①

要解决这样的矛盾和顾虑，还是回到儿童教育和“核心素养”的源头上来。

首先，从“核心素养”出发设计核心课程。

小学课程的设置从古代的“综合”走向现代的“分科”再走向当下的“分科与综合”，可见，学科课程与综合课程并行存在的合理性。从世界各国培养学生核心素养来看，语言素养、数学与科学素养、信息素养是众所公认的，因此相对应的的学科课程有语言课、阅读课、数学课、科学课。当然这些课的内容和教学方法要与儿童的生活和生活的情境相结合，学科之间，学科与生活之间本身具有相互关联的关系，需要综合性的学习。因此小学教师教育专业的学科知识可设计文理融通的学科课程，即开设语言文学、数学、科学等学科课程，学习这些学科的知识体系及学科知识发展史并培养学科思想和学科思维方法。不是追求专家学者的精深，而是要具备学科的思想、学科的思维方法，树立正确的知识观，知识不仅仅是“是什么”的陈述性知识，还包括知道为什么和怎么做的策略性知识和程序性知识，否则死记硬背的“知识”充其量也只是信息而已。要“将学科知识提升为学科观念。信息时代，知识的衰减和更新速度空前加快，但事实所体现的观念和思想却相对稳定。因此，舍弃繁琐却无法穷尽的知识点，精选核心学科的大观念，并联系学生的真实生活情境展开深度学习，是信息时代课程内容选择的基本原则——少而精原则。”②

---

① 李中国．教师角色转换中内涵性特征的缺失与补救 [J]. 教育研究，2008（6）.

② 张华．论核心素养的内涵 [J]. 全球教育展望，2016，04：10-24.

其次，设计主题模块课程。

设计思路一是从小学课程综合性特点出发，围绕核心素养设计主题模块课程。芬兰基础教育设置了七大主题：“成长为人，文化认同与国际化，信息素养与交际，参与行使公民与企业家的权力，对未来环境、健康和可持续发展的责任感，安全和交通，技术个体”。[①] 高校教师教育的课程可以主题的形式，把教学内容的多学科知识与教学法的知识融为一体，树立大课程观，把科学文化素养的知识融入到核心素养的主题模块中。这样既有助于各学科各领域知识的融通，又有助于解决按学科板块学习时间不够的问题。如，在主题模块课程中，学习文化的、科学的、艺术的、体育与保健的知识，并通过项目任务和情境教学培养开发课程资源整合课程的能力。因为“核心素养是跨学科素养，任何核心素养都不是一门单独的学科可以完成的。”设计思路之二是以《小学教师教育课程标准》的“教师信念与责任、教育知识与能力、教育实践与体验”教育教学知识为依据，设计的模块化课程。模块化课程注重理论知识和实践知识的统整，以专题研讨、案例分析、行动研究等学习方式，打破理论知识的灌输式学习方式，倡导自主合作探究的学习方式，真正内化为自己的教学实践知识。

再次，加大通识课程和实践课程的比例。历史的、地理的、政治的、文化的、哲学的、艺术的通识课程可以成为小学教师多学科素养的基础，也是核心素养的组成部分。此外开设说、写、唱、诵、画、玩等技能课，并辅以课外活动和竞赛活动提高这些技能。

总之，从儿童的启蒙到儿童核心素养的教育，都要求小学教师要具备教育的品格和能力，具备教学的艺术和能力，因此，小学教育专业的本体知识应该是教育教学知识，以“教育”为本体构建核心素养所需的核心课程，并通过学科的综合性学习和主题模块的课程学习以适应小学教育综合

① 王烨晖，辛涛．国际学生核心素养构建模式的启示 [J]. 中小学管理，2015，09：22-25.

性的专业特点。

附录：

教师角色转换中内涵性特征的缺失与补救

（临沂大学　李中国）

[摘　要]　教师角色具有理念性、系统性、实践性、主体性、创造性等内涵性特征。教师角色内涵性特征的缺失，导致教师角色转换过程中呈现出角色转换混乱无序、线性模式、工具性取向角色转换行动被动滞后等现象。为此，亟需加强教师角色转换的系统引控，关注教师角色转换的行动体验，促成教师角色转换的反思习惯，凝炼教师角色转换的创新内核，搭建彰显教师个体生命价值的平台。

[关键词]　教师；角色转换；内涵性特征

一、教师角色内涵性特征之解析

教师角色是指处于教师岗位之上的个体依据社会和自我期望，在教育教学活动中，以自我主观能力适应社会环境所表现出的行为模式。这一模式具有以下特征。

理念性。教育理念是教育实践的内在动力，它有助于教师明确前进方向，引领和鼓舞自己为之奋斗终生。作为一名专业人员的教师，必须有与时代精神相通的教育理念，包括在认识教育的未来性、生命性和社会性的基础上形成的教育价值观、学生观和教育活动观。

系统性。作为构成社会关系网络的一个分子，教师必然处在社会关系网络中某一特定的位置，并相应地践行着自己的角色职责。从教师角色生成的领域来看，它是一个至少涵括双重角色系统的复合体：一是教师角色自身与外围其他相关因素之间构成的系统；二是教师角色系统内部涵括的、教师自身需要扮演的具体角色之间的系统；从角色生成的顺序和所处的层级来看，教师角色是一个由基础性角色、支持性角色和魅力性角色构成的螺旋式上升的角色网络系统。

实践性。教育是实践应用性职业。教师角色作为一种行为模式，也只能在教育教学实践中实现，在实践中体验教学活动的微妙，感受生活的困惑和生命的张力，在融会贯通中获取扮演某种角色所需的技能，升华出新的价值追求，并体味具有生命气息的教学真谛。

主体性。教师角色的生成及实效的发挥由于影响个体的实践性因素和环境因素具有多样性特点，使得教师个体在扮演某种角色时，必然会充盈着具有个体色彩的期望成分和行为模式，从而使教师角色必然具有主体性特征。充分重视教师角色的主体性特征，这不仅可以使教师通过扮演浸染着个体气息的角色系统而创设出具有鲜明特色的教育教学情景，而且还可以为教师在教育教学活动中营造独特的自我生活方式创设必要前提条件。

创造性。在充盈着新奇与变化的教育世界中，需要教师主体能够不断更新内在构成要素及其性质和层次，教师角色概念中必须富有一股内在的推动力量和创新取向。教师的创造性不仅仅停留在技术层面，更是一种探索世界奥秘与秩序的精神，代表了教师探索未知世界的乐趣与勇气，在此，教师实现了内在价值与外在价值的和谐统一。没有了创新，教学就失去了灵魂。

二、教师角色转换中内涵性特征缺失之表征

对教师角色内涵性特征的认知是教师角色转换得以实现的基本前提。如果缺乏对其内涵性特征的科学认识，就会因自身支点的空缺而导致教师角色无法实现有效转换。

（一）混乱无序的教师角色转换

如果对教师角色的理念性和系统性缺乏必要的了解，必然会导致教师个体无法明晰自己的发展走向，难以对教师角色系统所涵括的具体角色以及角色之间的系统关系加以清晰认识，也不能对教师角色系统自身与周围环境因素之间的系统互动关系加以切实把握。如教师在新课程改革中需要完成由课程执行者到课程建构者、开发者的角色转换，从表面上看这好像只涉及到课程开发的问题，但实际上这一角色转换的有效实现，需要一个更为高层的新课程改革理念作为指导，需要其他各种相关角色的转换和条件作为支撑，如获取、解读知识的角色和管理者的角色都需要改变，并需配置必要的资源。教师如果无法有效把握理念性和系统性这两大特征，就无法搞清楚角色转换的方向，也不会知道怎样有计划地按照事理间的内在关系逐渐推进这一系统工程，进而造成混乱无序的角色转换。

（二）线性模式的教师角色转换

由于新角色对于教师个体而言存在着不同程度的陌生感，这种陌生感并不会因为观念上的熟悉而消失，它需要教师在教育教学实践中不断学习借鉴、探索创新、反思醒悟，在自己的专业实践活动中获取实际有效的知识、能力、技术以及价值观念，而主体实践的过程又不是简单性、重复性、循环性活动的机械拼凑体，而是一个具有复杂性、曲折性、发展性等特征的有机系统，这决定了教师角色转换是一种非线性的活动。若忽视其复杂性的行为往往使角色转换难以有效实现，人为地将教师和本真的教育情景区隔开来，教师不但无法体会到其中的快乐与困惑，而且在虚假与人工制造之间，教师所生发出来的并不是对教育世界的亲近感，而是更多的荒谬感。

（三）工具性取向的教师角色转换

工具性取向的教师角色转换是指只从社会需求、规范的角度着眼，并加以塑造的教师角色。由此，教师只是被当做教育机构中的某一个机械式的零件，或者达成某种特定目的的物质符号。教师已经失去了自我，被异化为工具性的存在。由此而展现出的教师角色就会缺乏一种人性的维度，从而导致教师自身没有健全的人格修养，缺少人性化思想。工具性教师的教育行为只是固有教育模式的继续，很少表现出能动性、自主性和创造性的特征，因而他们是既定教育方案的执行者，而非教育观念、教育制度、教育技术、教育方法的创造者。教师角色系统具有非常鲜明的主体性色彩，即教师在扮演社会期望角色的同时，也在以自己独特的生活方式赋予这些社会性期望角色以独特的个人色彩。只有重视教师角色转换的主体性特征，才不至于将教师角色作以强制性的肢解，方能在当前正面临着丢失主体性危险的时代，为教师在教育教学活动中留设一份自我个体性发挥的空间。

（四）被动滞后的教师角色转换

创造性作为教师角色活力的动力来源，阐明了教师职业的工作属性、生存方式、欢乐源泉和价值所在。创造性特征的欠缺或忽略，会使教师在角色转换中处于被动、滞后的尴尬境地，既无法顺利实现自我工作方式的转换，也无法体会到教育工作的乐趣所在，更无法让受教育者学会创造的技能，进而体验到创造的艰辛和愉悦。这种情境中的角色转变，也只能繁衍出消沉、乏力、敷衍式、形式化的转变，乃至是一种加强固守传统、加速度滞后的角色转变。

三、教师角色转换中内涵性特征缺失之补救

（一）注重教师角色转换行动的系统引控

教师角色转换需要良好的管理系统作为外部支撑，而对教师角色转换行动加以系统引控又是其中的重要一环。引控是指进行有效的引导和控

制。在此需要注意几个方面。其一，在理念层为教师角色转换树立必要的目标、精神、信念，明确价值取向，发挥理念的引导作用。其二，对教师行为控制的目的是引导教师尽快地转换行为模式，引导教师创造出适合教育系统内外因素的角色系统，而非压制教师在教育教学活动中的创造性。其三，引控主体是多方面的，提倡多元化的引控主体，包括教师自我、学生、专家、社会以及上级等，以此为教师创造出合适的角色系统提供系统性支持。其四，要加强引控机制的系统性，教师角色系统转换的目标、过程及其所涉及到的其他外围性因素（家庭、社会等）不是孤立而行的，管理者和教师自身需要将这些众多因素统合在一起，进行系统思考、系统调节，以此克服教师角色转换中的混乱现象，实现教师角色的有效转换。

（二）关注教师角色转换的行动体验

体验作为一处中间桥梁，联通着实践世界与教师生活，也正是在体验中，角色的实践性特征找到了可以张扬的舞台。虽然教师个体的角色转换只有最后才能通过实践活动将既定理念内化为自我内部图式，但是角色转换不能只着眼于结果本身，角色转换的过程更为重要，在其中不但能关注本真的教育对象和教学世界，而且能真实地面对其中的困惑，进而参悟其中的本真，提升人生境界，达致对角色转换过程的真实把握。在教育教学活动中，一方面需要教师在角色转换中通过直觉、理智直观、体认、感悟、反省、慎独、充分经验、理解、感兴、静观等各种方式对在角色转换中的自我行动加以体验；另一方面需要教师将对行为经验的感受同与之有密切关系的道德体验、美感体验有机的结合在一起，做到融会贯通，以此扩延个体与周围世界的互动空间。

（三）促成教师角色转换的反思习惯

没有反思的经验是狭隘的，没有反思的教师也会陷于迷惘。教育教学活动的复杂性和动态性使教师随时都可能面临着一系列新问题和未解决的遗留问题，从而使教师角色对于教师而言，不存在绝对的完善性之说。因此，新角色的塑造、发展是一个具有动态性和复杂性的过程，它需要身处于其中的教师根据实际情况做及时的调整。反思，则恰好在这方面具有无与伦比的优势，在教师角色的发展过程中，教师需要根据教育教学活动的实际需要，对已有的教师角色以及影响教师角色的因素进行经常性的反思，既要对发现的不合理方面作以改进，也要对优秀的教师角色进行反思作以发扬；既要对自己的教师角色作反思，也要对他人所呈现出的教师角色作一定程度的反思。需要注意是，反思活动并不是偶尔进行的，它需要形成一种习惯，常思方可常新。

（四）凝炼教师角色转换的创新内核

只有获取一个能够应对内外条件变迁的动力源，教师角色转换方能得以有序而持续进行，这就需要教师在角色转换中凝练出其创新的内核———个性。首先，在取向上拒斥绝对同一性，即拒绝社会对教师角色的完全一致性要求。在工业社会整齐划一的条件下，教育也在追求着同一性目标，如一元化的教育目标、模式化的教学过程、控制性的管理方式、单一性的评价机制等。在这一体制的规范下，众多教师被要求在人格素养、道德取向、教育教学方式以及言谈举止等方面做到整齐划一，由此而失去了角色变迁中的个性支撑。其次，管理者应当树立个体性化的教师观，实行人本化管理。教师在兴趣、爱好等方面应当具有自己的个性，在管理中不应采取过度刚性化的措施来压制教师，而应当通过建立体现人性需求、符合人性发展的组织制度、组织机构，为教师自身的某些特质得以发展搭建良好的平台。

（五）搭建彰显教师个体生命价值的平台

在角色转换中追寻教师个体生命价值的适度彰显，其目的不仅仅在于处理好个体生命存在与教育教学活动之间的关系，更在于让相关行为主体认识到，角色转换不是从一种工具状态误入另一种工具状态，而是让生命意义得以真正凸显；角色转换也不是被动滞后的过程，而是要洋溢着创造的生命活力和追求。在实践中除了必要的激励机制外，还需要注意以下三个方面。

首先，管理者要坚守和谐理念。个体生命价值的彰显与集体价值的实现是并行不悖的，教师生命存在价值的有效彰显则为集体价值的实现提供了必要前提；如若把两者视为绝缘之物，为了保全后者而抛弃前者，教师的教育教学活动不但是无生气的，也会顺次而影响到教师角色转换后的工作积极性，这无论就其人生归宿而言，还是对工作实效来说，都不能做到切实关照。

其次，尊重教师的专业自主权。教师的专业自主权是教师在职业工作中应该享有的权力。它包括教师的教育教学权、科学研究权、管理学生权、获取报酬待遇权、民主管理权和进修培训权。而在过去和当前，我国教师缺少或没有相当程度的自主决策权力。教师自主权力受到种种限制，教师的教育教学活动缺乏主体自主意识。这种状况不利于教师进步，不利于学生的发展，不利于教师的角色转换。因此，学校要尊重教师在教育教学工作中做出重要决策的权利，在课堂教学中为教师提供条件，给教师充分的对整个教学的控制权，使教师最大限度地影响、参与教学实践的全过程，以充分发挥教师本身的专业潜能和创新能力。

再次，宽松人文环境的营造尤为重要。教师角色转换本身就是一个充满着矛盾、质疑乃至苦恼的过程，因此，教师角色的有效转换就极有可能需要经历一个曲折的过程，创造性的改变也只有在反复检验后方能实现，这些必然会在教师身上表现出诸多不适应之症状。因此，在角色转换中，需要从制度建设、文化塑造以及物质配备等各方面着手，为教师营造一种宽松的人文环境。管理者需要持宽容的心态，适度为教师减轻内外压力，疏通必要渠道，引导教师走出困境，使教师在承担社会需求与实现个体生命价值之间寻求到一种行之有效的解决之道，为创造性活动营造必要环境。同时，鼓励教师积极参与学校文化建设，参与过程就是文化的内化过程，也是教师重新塑造自己的过程，在这一过程中，教师潜藏着的个体生命力得以体现，个体价值得到承认，教师得以自然地实现角色转换。

（转载于《教育研究》，2008 年第 6 期）

第三章　小学全科教师培养的理论与实践

教育部 2014 年颁发的《教育部关于实施卓越教师培养计划的意见》（教师［2014］5 号）中，明确将未来小学卓越教师培养的目标确立为“重点探索小学全科教师培养模式，培养一批热爱小学教育事业、知识广博、能力全面，能够胜任小学多学科教育教学需要的卓越小学教师”。根据这项基本精神，小学教育专业作为当前培养小学全科教师的主要专业领域，肩负着未来小学教育事业发展的重要责任和历史使命。我们理应思考小学教育专业师范生何以成为小学卓越教师，并能担当得起小学教育事业的历史重任的这一关键问题。

第一节　小学全科教师的理论假设

一、小学教育专业人才培养的出发点是学生

“教育的核心是人。”教育必须围绕着人进行。学校教育的基本要素

包括教师、学生和教育影响，其中教育影响主要指教育内容、教育手段、教育环境等。从三者的关系来看，教师是教育教学活动的主导者，学生是教师教育教学的对象，教师所进行的一切教育教学活动都应该是为了学生，从学生出发，促进学生健康成长。教师所授课程既是学生学习的直接目标，更是教师促进学生潜能发展的内容介质。无论学习何种知识，以何种方式组织和分类知识，其目的都是为了便于学生学习、促进学生求知、服务学生发展。学生，才是教育教学活动的价值基点。教师的一切活动、学校的一切课程，都是为了促进学生的发展。

依此观点，教师教育专业在构建师范生的素养结构、课程计划、规格标准、培养目标时，其依据应是以人为本，服务于人，而非以课程为本，服务于课程教学需求。小学教育专业课程计划的体系设计与教学大纲的内容确定，都应依据师范生面对的未来工作对象——学生的实际现状、身心特点、认知规律、发展需求，而非依据师范生未来教授的课程体系、学科内容。当前，在我国教育学的学科框架中，普遍存在的问题就是依据课程教学要求确立教师专业素养的培养要求，而非依据学生需要确立专业素养要求。这一问题的现实表现就是教师的专业素养是服务于课程而非服务于学生，课堂上只有知识存在，没有“生命在场”。

受此影响，当前我国不同层次小学教育专业在设立人才培养目标时，基本都是根据课程教学需要确立人才培养的规格要求和素养结构。当前，从课程内容的组织方式分，我国小学阶段的课程可以从分科学中选择出适合一定年龄阶段学生发展水平的知识，组成各种不同的教学科目。综合课程：是主张将若干有关学科合并起来编订以体现某类知识体系之间内在整体联系的课程。受传统学校课程划分理论的影响，当前学校课程设置主要表现为分科课程，极少有综合课程。分科课程是根据各级各类学校培养目标和科学发展水平，从各门科现为综合课程。

由于分科课程具有较为悠久的影响历史，传统学校中课程设置与教学安排的主导思想基本上都是以分科理论为基础。当前学校基于课程组织方式安排教学活动的教育思想，客观上型塑了社会对于教师职业专业素养的结构与内涵。在分科课程理论之下，小学教师教育主要以培养单科教师为主，培养单科教师的课程计划主要是基于将来教授某一课程所需的知识与技能要求来设置教师教育的课程内容特别是专业课程内容，立求于专，专中求精，强化教师胜任某一具体课程的专业知识、专业技能与实践能力。在教学组织当中，教师教学活动完全按照课程安排进行实施，教师的职业称谓也因之被冠以课程之名，谓之某某老师如语文老师、数学老师等。

这种人才设定理念在当前高师小学教师教育专业中占有主导地位，迎合了当前学校教育的评价体系与社会大众的功利需求。在这种理念系统中，教师的教学任务就是教好一门课程，教好了一门课程的教师就是好教师。教师专业素养高低与工作能力强弱的主要观测点就是教师的教学效果，即学生的学习成绩。学生的课程成绩的优异程度是判定教师教学水平的不二标准。科学教育学的奠基人赫尔巴特在其《普通教育学》中明确强调“通过教学来进行教育”的思想，“不存在无教学的教育”。但是现实中，小学教育专业人才培养的设定理念与当前小学教育教学绩效的评价体系的密切联姻，直接导致了一系列的教育问题：教师重视教学轻视教育，造成没有教育的教学，没有灵魂的教育；学生重视分数轻视能力，片面发展，素养缺失；家长重视分数轻视成长，关心分数胜过关心子女，对教育充满功利之心。

二、小学教育专业人才培养的素养是综合的

（一）教师劳动的示范性教育特征，要求教师素质的综合化

小学阶段，是人成长的启盟与奠基时期。相对于中学生，小学生的身心发展规律具有更为强烈的向师性特点。在师生关系中，教师的一言一行都可能对学生产生深刻影响，这种影响有时并非影响一时一刻而是影响学生一生。小学生的认知特点对小学教师劳动的示范性教育提出了更加严格的要求。教师的示范性教育对学生的影响主要表现在师生交往之中。小学生身心发育的特点和规律决定了其更易受到教师有意无意的影响，这种影响要求教师要不断提升自身示范性教育的质量。小学教师对于学生示范性教育的质量，既取决于自身的专业素养，更取决于自身的综合素养。

在影响方式上，这种交往主要包括了显性教育和隐性教育。教师对学生的显性示范教育，多以制度化教育的方式呈现，其效果主要受到教师专业素养的影响，这种影响仅存在于课程教学过程特别是课堂教学活动之中，影响因素主要包括教师的专业知识、专业技能、教学经验、临床能力等。教师对学生的隐性示范教育，在师生交往中则时刻存在，其效果主要受到教师综合素养的影响，这种影响时刻存在于师生的相互交往中，不易受到课内课外、校内校外等时空范围以及直接间接、书面口头等交流方式的影响，影响因素远远超出了教师的专业素养范畴，是教师个体综合素养的整体表现，是教师专业素养、理想信念、人格修养、个性魅力的综合展现。

在时空框架中，这种交往主要存在于课外活动与课堂教学当中。语言是师生沟通的主要工具。在课堂活动中，学生会长期、持续地受到教师的有意影响和无意影响。通过课堂活动，教师的教学语言包括口头语言、书面语言、体态语言，不仅是教师知识传授与技能培养的信息载体，更是教师价值观念、兴趣爱好、人品修养、思维方式的隐性展现。学生在完成课

堂学习任务的过程中，从价值观、人生观、社会观到兴趣爱好、审美观念、学习态度、思维方式、行为养成等方面必然会受到教师的影响。对于观念系统尚在形成之中的小学生来说，在师生交往过程中，教师的言行举止对学生产生的隐性影响由于总是“润物细无声”且较为持续因而其示范性教育效果往往远远大于教师所教科目、活动的显性教育影响。一门课程知识与技能的教学，通过教师的反复讲解与学生的反复练习最终必然能够实现教学目标，达到考核标准。但是在学习这门课程的过程中，教师在价值观念、态度立场、思维方式、人生态度等方面对学生产生的隐性影响却是不易觉察易受忽略。从终身教育视角看，学生的成长是长期的过程，相对于学生思维方式、价值系统、兴趣喜好、人际关系、创新意识的自我养成，一门课程知识与技能的掌握效果是否良好，不能说是微不足道的，但无疑是次要的。

（二）知识时代的终身性学习需要，要求教师素质的综合化

“在当前进行素质教育的过程中，要提高学生的整体素质，其关键是提高教师的综合素质。”素质教育的深化实施，从根本上讲主要依靠教师对学生的教育，依靠教师对学生有意无意的身教与言教。这种全面发展的教育是由教师的综合素养所支撑的教师对于学生在德、智、体、美、劳各方面发展中产生的整体性影响，这种影响对学生知、情、意、行诸方面的发展具有重要的示范性教育效果，对学生生物生命、社会生命、精神生命的境界提升具有持续的示范性教育动力。没有全面发展的教师，就难有全面发展的学生。师在学高，范在身正，理念落后、知识偏狭、修养欠缺、思维固化、人格缺失的教师，非但难以教出全面发展的学生，难以促进学生的素质提升，反而可能加剧学生的片面发展、畸形发展。

知识经济时代，知识是以爆炸式方式产生的，知识的生产与老化日益加快，个体的知识体系很快就会落后于时代进步的要求。一个人仅仅依赖

已有的知识和技能，根本无法适应时代要求。面对知识的无限性和生命的有限性，人类对于具体知识与技能的学习，正在由以前的目的趋向于目的加手段，即学习知识与技能，既是学习的目的更是学会学习的媒介或载体，通过学习新的知识与技能，掌握学习的方式方法、掌握思维方法、提升思维能力、形成价值体系、学会信息处理等，以便适应变化着的社会需求和知识生产。这种变化，要求教师必须具有广阔的知识视野、丰厚的知识积累、应时的知识体系。

综合素养修炼不足的教师，专业素养即便再丰富，其营造生命课堂、完善学生人格、培养学生个性、尊重学生人性、帮助学生成长的示范性教育都会大打折扣，因为学生知识的成长、能力的提升并不是教育的全部和根本。在当下终身教育理念与知识经济背景下，知识与能力的获得仅仅是教育的基础、手段与媒介，通过知识学习、能力培养提升学生的思考力、创新力、辨识力、选择力、指导力才能满足知识时代的终身性学习需要与发展要求。

（三）学生成长的多重性目标实现，要求教师素质的综合化

专业素养，是指教师运用专业知识、专业能力、专业经验完成教学目标的活动素质。综合素养，是指教师在政治、思想、道德、文化、体育、艺术等方面的整体素质。教师综合素质的提升能够实现教育教学活动“从知识讲解为主转向激疑解惑为主，从注重学生对知识的理解转向重视学生高层次思维能力的发展和综合素质的培养，从面向学生全体转向面向个体”。从小学生成长的规律看，教师综合素养的提高能够形成更加全面正向的教育示范性，充分激发学生的向师性，从而更加有利于对小学生进行观念型塑、兴趣培养、态度形成、习惯养成；更加有利于为小学生营造健康成长的环境，促进小学生德、智、体、美、劳诸方面的全面协条发展。小学教师教育，培养教师的综合素养比专业素养更重要。

从教师教育的对象来看，教师的综合素养相对于专业素养，更加有利于促进学生的全面发展、健康成长，人格完善与人性发展；更加有利于帮助学生学会思考、学会学习、学会做人、学会做事；更加有利于形成学生的创新思维、批判意识、辨别能力；更加有利于学生在工作岗位上扮演好教师角色，尽职尽责，发挥专业特长，献身教育事业。

从教师教育者的角度出发，教师的综合素养相对于专业素养，更加有利于促进教育本质的实现。教育的本质在于育人。小学阶段教师教育的使命在于促进未来教师的全面发展、充分发展，培养具有自主性、完整性的社会人，而不是培养片面发展、工具化的职业人。简而言之，小学全科教师的专业素养能够让其顺利就业，成为一名合格教师；而综合素养不仅能让其获得工作，而且还能让其会工作、会学习、会生活，成为一名优秀教师。为此，小学教师教育的课程计划不仅要注重能力本位，加强学生的专业素养，更要突出课程计划的素质本位，加强学生的综合素养。

三、小学教育专业人才培养的目标是全科教师

人的发展的诸多方面是浑然一体难以割裂的。相对于成人，小学生的认知能力尚处于较低层次，思维方式主要以形象思维为主，对世界、社会和个体的认识，主要是基于个体的直观感知与形象辨识。对小学生而言，目前基于学科划分的课程知识学习，实际上是对小学生头脑中完整世界的人为分割。传统的“单科”教师，常常精熟于小学阶段某一具体课程的教学工作，对其他课程则可以无需精熟。其局限性在于侧重于某一科学领域的基本知识，束缚了学生的知识视野，忽视了学生的全面发展；过于注重知识学习的结果而忽视了知识学习的过程和方法，忽视了小学生的心理逻辑、学习兴趣与能动作用。

为了支持农村地区的教育发展，提升农村地区的教师质量，满足农村

地区的教师缺口，继2007年教育部实施免费师范生培养项目以后，很多省份都针对农村地区推出了免费师范生培养项目。这些项目的鲜明特色就是针对农村地区师资短缺现实，明确提出了要加强小学全科教师的培养，以满足不同课程岗位的师资需求。此处所谓的“全科”教师，实际上是指能够胜任多门课程教学的教师，此种意义上的“全科”实际上只是对分科理论中单科知识与技能的简单累加而非对课程知识与能力体系在教育教学过程中的有机融合。这样的全科教师，在本质上与分科教师并无差异，在本质上仍体现了典型的分科思维特征。

2014年，教育部《卓越教师培养计划意见》提出了小学卓越教师队伍建设，其中明确提出小学卓越教师培养的重点就是要加强小学全科教师的培养，在此政策引导下，很多省份纷纷将小学全科教师培养纳入本省卓越教师培养计划。2017年，教育部发文在小学教师资格的申报类别中增加了“小学全科”方向，由此从法律上为小学全科教师的培养提供了现实的办学依据。由此，小学全科教师培养也成为社会与高校关注的焦点。

教师劳动的示范性教育特征，知识时代的终身性学习需要，学生成长的多重性目标实现，都强烈要求教师素质的综合化。这种综合化要求教师达到对自然、社会、人文等领域知识体系的完整理解与整体把握而非支离破碎漏洞昭然，真正实现广博中有精专，能达到一定程度的课程整合能力，能将不同学科的相关知识融会贯通，能够发现不同领域知识的内在联系，真正打破课程间的界限，实现不同课程的有机交叉教学。在实施教学过程中，能够发现不同门类课程内容的相关性，能够以实际问题为核心综合运用不同课程的知识与技能，实现理论课与实践课的有机结合，实现课程与生活的紧密结合；能够发现语文与历史、历史与地理等相邻学科知识与技能的联系点，在各科教材之间建立密切的横向联系；能够将关联课程的知识进行有机融合，实现相关学科知识的内容融合。具备上述综合素养与教育教学知识与技能的教师，才可谓之全科教师。2014 教育部《卓越教师培养计划》与 2017 教育部在教师资格系列中所指之全科教师，应该定位于此种教师。相较于分科教师，全科教师应是“研究性学习的设计者、生活化课程的发掘者、个性化教育的实施者、整合化课程的开发者和活动化课程的引导者”。

面向未来，全科教师应该是小学教育阶段的主力军。着眼当下，小学教师教育人才培养的价值基点，应该逐渐从基于课程转向基于学生，基于课程的教师教育人才培养目标即使能够胜任多门课程的教学任务在理论上也只能是“服务于知识的教师”而非“服务于人的教师”。教师劳动的示范性教育特征，知识时代的终身性学习需要，学生成长的多重性目标实现，都要求小学教育专业人才培养的素养转向从注重专业素养转向注重综合素养，都要求小学教育专业人才培养的目标走向尽快转向培养真正“服务于人的成长”的教师。

目前，在高师教育专业人才培养计划中，专和博的关系问题，始终是矛盾的焦点。对于小学全科教师培养来说，这一矛盾更为尖锐。知识的无限性与时间的有限性，决定了小学全科教师的培养目标既不可能实现“十项全能、样样都能、样样都精”，要精熟小学所有课程的专业知识与专业技能，显然脱离现实，过于理想化。但是仅仅掌握某一门课程的专业知识与专业技能，显然名不符实。当然，小学全科教师的培养目标也不可能定位于“十项全能、样样都能、样样不精”，这样片面追求了全面发展，但却分散了发展目标，难以满足现实需求。因此，对于小学全科教师来说，现实的可选之策就是把人才培养目标定位于“十项全能、样样都能、能中有精”，一方面要着重突出综合素养，促进学生的全面发展，达到多能合一；同时也要兼顾专业素养，掌握基本的专业知识与专业技能，实现能中有精。

从小学全科教师的职业定位看，“样样都能、能中有精、能能相通”是职业发展目标的现实选择。一方面，通过提升个体的思想品质、道德修养、专业素质、心理品质、艺术情操、应变能力等提升个体的综合素养，为增强胜任小学课程的教学能力、事务的处理能力、活动的管理能力打好基础；另一方面，通过提升个体的专业素养，强化个体的专业道德、专业知识、专业技能与专业情意，真正能够精熟掌握某科教学领域、某类综合课程、某一具体课程的教学知识、教学技能与教学经验，并能做到由此及彼，触类旁通，融合课程，联通课程。

第二节　小学全科教师的本质内涵与培养取向

一、小学全科教师的本质内涵

对全科的内涵和意蕴的解读，将直接影响到人才培养模式的制定，当前学界对“全科”的理解并未达成共识。教育部文件中所提到的“能够胜任小学多学科教育教学”尽管客观，但科目的边界却很模糊，小学全科教师的科目边界究竟在哪里？国内学者形成了不同的观点。

第一种观点，将“全科”界定为“中小学全部课程”，“数理化通吃、音体美史地全扛”，科目边界涉及中小学教学中的所有课程。有一些学者认为全科小学教师就应该具有现代的教育观念和创新精神，具备小学教师所有的核心素养，拥有所有课程的知识储备，并能出色地完成小学课程的教学任务。还有一部分学者认为，“小学全科教师”应该是在学科知识和能力结构方面都很合理，不仅能顺利完成国家课程的教学任务，同时也能独立承担小学教育的教学、管理和研究工作。[①]

第二种观点，将小学课程划分为文科、理科和艺体三大类，强调教师应该具备相应的素质，进而小学全科教师以某一类课程教学任务为主，完成同一年级平行班的课程教学，具体可以分为文科类、理科类和艺体类。此外，按照当前国内小学教育的传统培养模式，一部分学科认为，“小学全科教师”应该在主干方向课程如语文、数学、外语课中任意选择两门，具备精深、扎实的学科知识和熟练的教学技能，此外，也应该选修艺术类课程，具备基本的教学知识和能力。对全科教师的不同理解也影响了高等师范院校小学教师的培养模式，进而形成了学科方向培养模式和综合培养模式两大类。

事实上，“全科教师”并不是一个新造名词，主要借鉴医学中“全科医生”的称谓。然而，即便是“全科医生”也并不是指能治疗所有病种的医生，而主要侧重于“常见疾病”的诊疗和“预防保健”工作。按照加德纳的多元智力理论，一个人想在语言、数理逻辑、空间、身体运动、音乐、人际、内省、自然探索等各方面获得均衡发展本身就是不符合人的身心发展规律的。再加上我国高中长期实行的文理分科教学，使得学生的知识的完整性有所欠缺，学科的偏向是存在的，因此，想要在一个人的身上实现全面发展本身就是有难度的。[②]

针对当前小学语文、数学、英语、体育、音乐、美术、品德、信息技术、写字、科学等国家课程，根据小学教育的职业特点和人的身心、认知

① 江净帆．小学全科教师的价值诉求与能力特征．中国教育学刊[J].2016（04）：80-84.

② 窦青．论中国风格钢琴练习曲创作的体系性构建[J]．音乐研究，2017（6）：81-89.

发展特点，将小学全科教师培养确定为“综合培养，学有所长”，即掌握1门课程教学，同时能兼修两门课程教学，实现学科的跨界、课程的整合、综合能力的发展。

二、小学全科教师培养的两种取向

相较西方根据教育发展规律和学生身心发展特点，由政府自上而下推行的小学全科教师不同，我国小学全科教师提出的背景是因为经济发展不平衡，城乡教育差距较大，导致农村小学师资缺乏。在此背景下，为解决农村小学学科师资缺乏的现状下提出的高等师范院校的小学全科教师培养或是在教育实践中培养全科教师。因此，全科教师培养目标定位上也存在着两种不同的认识：

第一种观点，将小学全科教师定位为服务农村教育。小学全科教师就是在缓解西部基础教育师资缺乏背景下的应对之策，因此，早期的全科教师的培养目标都定位为面向基层，服务农村，是农村教师培养的重要补充机制。如在2006年最早实施定向培养的湖南省，就是最大限度地发挥现有教育资源的改组和共享。甚至2016年，湖南省委托湖南幼儿高等专科学校培养农村小学“全科型”男教师，从应届初中毕业男生中招收小学教育专业学生，学制为五年一贯制专科，目的就在于缓解农村小学教师队伍中男女比例严重失衡的局面，使农村教师队伍结构得到有效改善。此后，重庆、广西、河北、河南等地都委托高等师范院校培养了一大批补充农村师资的本专科小学全科教师。正是为了应对农村小学教师缺乏的现状，因此，早期的小学全科教师培养带有明显的功利主义色彩，缺乏对全科教师的准确定位，包括其内涵、职业标准、成长环境等问题的考量也有所欠缺，也造成了社会对全科教师认识的偏差。

第二种观点，将小学全科教师培养目标定位为追求卓越。全科教师

“包班上课”在很多国家都已经成为一种传统，而且在西方，他们普遍认为，只教授一门学科的教师容易导致对学生的“割裂性评价”。教师凭借着“全科背景”去挖掘孩子的潜力，而这种潜能不由学科界限限定，全科型教师综合观察后，发现学生不同的表现，对他们有了整体性认识，有利于学生未来的发展。从国外教育经验我们可以看到，小学全科教师的提出本身是为了提升教师素质，提高教育质量的举措。而在我国，教育部2014年提出的卓越教师培训项目中，也明确提出了卓越小学全科教师的培养目标。随着时代的转向，小学全科教师的培养目标中应当体现卓越的品性，并将其落实到全科教师的培养过程之中。

不论是面向农村，扶贫支教，还是作为卓越小学教师培养的重要内容，小学“全科教师”培养的价值目标都是走向引领教师的专业发展，保障城乡儿童接受教育的公平性。同时必然要求师范院校重新思考“小学全科教师”的培养定位，以适应当前“小学全科教师”培养的新趋势。

第三节　小学全科教师培养的基本路径

当前，我国教师教育在终身教育理念的指导下基本确立了职前培养与职后培训一体化发展的基本格局。有鉴于此，我们认为，培养小学全科教师可以通过高师院校的小学教育专业实现职前有针对性的培养和职后有操作性的培训。

一、职前培养

高师院校小学教育专业是培养教育性小学全科教师的主渠道。因此，要想培养合格的教育性小学全科教师，首先推进高师院校小学教育专业的教育教学改革和创新，势在必行。然而，当前高师院校在小学教育专业的设置和培养方面还均处于探索阶段，其涉及的如培养理念、课程体系、课程目标和培养过程的实践指向等很多方面都还有待于进一步完善。鉴于此，我们针对高师院校何以有效培养教育性小学全科教师的问题，提出如下基本思路：

1. 思想引领：培养小教专业师范生的教育性意识

当前的高师院校，在培养小学全科教师的教育性方面不够明显，那种强调知识本文的教育观念仍然起主导作用。当然，这里不是说知识不重要，而是说对教育性小学全科教师来说，相比高深的知识而言，如何通过对简单知识的学习培养小学生的学习能力和学习习惯可能会更重要些。比如，当前各种反对小学生学习奥数的声音，就能很好地说明这一点。对于小学全科教师而言，不需要他们必须是伟大的文学家或数学家，只需要他们能通过一定的教学智慧帮助小学生恰当理解和感悟文学家和数学家的精神即可。这就启示我们不得不对当前高师院校的小学教育专业的教育教学进行积极改革和创新。

诚然，教育的改革与创新，必须理念先行。根据小学全科教师本身固有的基本内涵和特征，结合当前高师院校小学教育专业的办学实践，在小学全科教师培养方面，必须转变思想理念，重新确立小学全科教师培养的基本方向，即培养小教专业师范生的“教育性”意识。这里的教育性意识，一方面是指小学教育专业师范生必须意识到当下从事的小学教育专业知识的学习不是简单地为拿几个学分而学习，而更是为将来从事教书育人活动而学习；另一方面指小学教育专业师范生必须意识到在未来的教育教学活动中教书育人是根本，但其中育人更是核心。当然，未来小学全科教师的教育性意识的培养，同样离不开高师院校小学教育专业任课教师的教育性意识，即高校要能有意识地培养小教专业师范生的教育性意识。

2. 课程重建：培养小教专业师范生的综合基础知识

高等教育中一个专业开设得好不好，与其专业的课题建设有着必然的关联。当前高师院校小学教育专业的课程设置，在兼顾其专业特殊性方面还不够，很多学校都还是以培养学科专业型教师为目的而分设语文专业、数学专业、音体美专业等相关课程。显然，这种简单把文学院、数学学院、音体美学院集中起来的培养方式与培养教育性小学全科教师的基本意图不相符合。因此，高师院校小学教育专业为了更好地培养教育性小学全科教师，应进行课程改革，实现课程重建，从而更好地帮助小学教育专业师范生学习掌握综合性基础知识，以便将来更好地胜任小学全科教学。

课程作为培养目标的具体化，要体现出跨学科、综合化的特点。按照小学教师专业标准，将小学教师的能力划分为通识能力、学科能力和教育能力，因此，在课程设置上也要体现出对这三种能力的课程。通识课程体现出全科教育的“宽口径”，突出培养全科素质，以跨学科的方式整合课程，培养学生的人文素养、科学精神、艺术修养及教师道德建设。学科课程要突出小学教育的“专业性”，汇通文理，兼修艺术。教师教育类课程要贯穿和融通所有课程，以实践和体验，提升对教师职业技能的掌握和运用能力。总之，在课程设置中要做到，坚持高等教育的共性、高师教育的特性、小学教育的个性，在完成通识教育课程之后，同时完成学科课程教学和教师教育课程教学的模式，以保证学生在 4 年的时间里完成这两大模块的学习。

在学科课程教学中，应该注意以下三点。第一，从内容难度来看，小学教育专业课程内容不宜过难，重点关注一些最为基础性的知识为宜；第二，从内容范围来看，对于小学教育专业师范生来说，语文、数学、英语以及音、体、美等课程都应该学习，而不是只学习其中某一门学科专业知识；第三，积极探索一些语、数、外，乃至音、体、美等学科的交叉性综合课程。显然这里的综合性课程不是简单的几门学科相加，而是需要各学科的有机融合。

3. 转识成智：培养小教专业师范生的教学智慧

前期调查研究发现，当前高师院校的小学教育专业在培养目标上还主要停留在更多地夯实师范生的专业基础知识，至于如何帮助师范生更好地培育小学生方面还涉及不够，至少还没有成为小学教育专业师范生教育的主要方向。虽然在培养师范生教学能力方面有较高的关注度，但就当前的实践情况来看，师范生的能力培养与其说是教学能力，还不如说是讲课能力或教书能力；在如何帮助小学教育专业师范生在将来的教学中更好地借助于对知识的理解来促进小学生的个性化发展方面的育人能力的关注不够。因此，如何在教育教学过程中帮助师范生转识成智，形成其教学智慧则非常重要。况且，小学教育专业师范生能否将所学知识真正转化成为个人教学智慧，这是他们能否真正达到像小学全科教师一样思考小学教育问题，而不只是有着丰富教育教学知识的教书匠的基本前提。因此，高师院校小学教育专业师范生培养不能只是修满学分式的过关式训练，必须帮助他们“转识成智”，形成他们的个性化的教学智慧。比如，“将师范生碎片化的知识和技能转化、提升为其自身的理性认知、恰当的价值判断和应对现实情境的实践智慧。”①

4. 实践指向：培养小教专业师范生解决实际问题的能力

2016 年 3 月，教育部颁发了《教育部关于加强师范生教育实践的意

① 李纯，杜尚荣，罗永祥．教师教育类课程“转识成智”的思考［J］．当代教育科学，2016（1）：22-26.

见》(教师〔2016〕2号)中指出,“师范生教育实践依然是教师培养的薄弱环节,师范毕业生的教育教学能力尚不能完全适应中小学的需要”。这在一定程度上,决定了小学全科教师培养必须关注其实践性问题。同时,这也启示我们,高师院校小学教育专业不是只要求学生修几门理论课程,掌握一些显现课程知识,而应该更多关注学生的教育教学实践能力的培养。一方面,小学教育专业师范生必须经常走进小学课堂,参与小学教育教学实践,从而真正感悟教育性小学全科教师的角色使命和责任担当。另一方面,高师院校的小学教育专业的课程设置上也应该多开一些帮助师范生解决小学实际问题的课程。

二、职后培训

小学全科教师涉及到职前高师院校培养和职后加强教师专业发展的衔接。但在当前的小学全科教师培养中,学界关注较多的都是职前培养中的系列问题,而对教师职后发展关注很少。从教师知识结构来说,合理、完善的教师知识结构应该由理论性知识和实践性知识共同构成。职前师范教育主要针对专业学科知识和教育学科知识的培养,属于理论性知识范畴。大量的教育实践证明,实践性知识,即教师在真实的教育教学实践中,经过自己体验、感悟、反思形成的这一类知识,支配着教师的日常教学行为,它最主要的获得途径即是职后的教育实践。上海青浦研究所曾经在对新手教师和专家教师的比较研究中发现,专家与新手最大的差别在于实践性知识的差别,而教师个体实践性知识的数量与质量从某种程度上说是影响教学效果的关键因素。从教师专业发展阶段来说,职业师范教育只是整个教师职业生涯的准备期,关注在职全科教师的培养将是发展的关键。因此,在“三位一体”的小学全科教师培养中,应该找到职前教育和职后培训的有效衔接方式。

（一）培训方式

根据教师培训过程中教师参与培训的动力因素不同，小学全科教师的职后培训主要涉及外部给予式培训、外部诱发式培训和自主内发式培训等三种。

1. 外部给予式培训

外部给予式培训，是指教育行政部门通过招投标或直接指派具有中小学教师培训资格的高等院校或专门性的培训机构，将中小学教师集中起来进行一定时间的学习，并为其准备内容丰富的课程学习，邀请国内外知名教育专家进行授课。这种培训的特点是培训的主动权主要在培训机构，培训内容是由培训机构根据邀请专家的方便而开设的课程。显然，根据这种外部给予式培训，能够为教育性小学教师补充一些在教育专家看来必须掌握的必备知识，尤其是教育研究界目前关注的热点知识以及未来发展趋势方面的前沿知识。但是，这种外部给予式培训，在调动小学全科教师的积极能动性方面有些不足，且培训内容不见得能真正切合小学全科教师发展实际，因此其针对性方面也很难保障。

2. 外部诱发式培训

外部诱发式培训的主导者仍然是由教育行政部门通过招投标或直接指派具有中小学教师培训资格的高等院校或专门性的培训机构，但是培训的方式与外部给予式培训有所不同。外部诱发式培训，能够充分考虑小学全科教师的实际需求，在培训者的主导下进行有针对性的培训，比如以同课异构等形式把参与培训的小学教师纳入培训主体的参与式培训，能充分调动小学全科教师的积极能动性，且培训的内容更加具有针对性。因此，外部诱发式培训能同时兼顾培训者的主导性并接受培训者的主体性，是当前一种能够积极调培训者的实践性缺乏与接受培训者的理论导向不够之间的矛盾冲突的良好培训方式。

3. 自主内发式培训

当前，教师培训的项目主要有国培、省培、县培和校本研修等多种培训形式。其中，由高等院校或专门性培训机构主导的培训的覆盖面始终是有限度的。比如，截至 2013 年底，在全省四十三万专任教师中，小学专任教师就有十九余万人，而全年的国培计划（包括教育部组织实施的示范性项目）培训教师人数才六万余人。可见，其覆盖面还是很有限的。而且，小学全科教师主要分布在农村地区（占小学教师总数的 87. 06%），由于主观或客观因素的影响，农村小学全科教师参与培训的比例还会更小。因此，教育性小学全科教师的培训，还得主要靠校本研修。这种以校本研修为主的培训方式我们称之为自主内发式培训，其主要包括有教师自主研修、校内自主式培训、校际联盟式培训等。其主要特点是不需要教育行政部门的专门性主导，而是根据教师发展的实际需要和学校办学条件，进行以解决教育教学实际问题为导向且能够真正切合小学全科教师发展实际需要的可持续性的自主培训。

（一）政策支持和学术引领

第一，激活教师专业发展的内在动力。美国心理学家波斯纳曾经指出：经验 + 反思 = 教师成长。影响教师专业成长既有社会性因素、学校因素，但更为关键的是教师的个人因素，教师个体的需要、动机和态度以及正确的教育观念都是教师专业发展的动力。因此，在职后继续教育中，通过教师的学习、教师实践、教学反思，形成正确的教育观，树立以学生为本的观念，以学生的发展为目的，在教育教学实践中真正做到将学生的全面发展放在首位。教育绝非仅仅是为社会培养人力资源，更重要的是促进其成人的过程。

第二，构建良好的学校组织文化。组织文化作为一种育人环境，是学校文化中的重要组成部分，它不仅对身处其中的学生影响较大，还直接制约着教师的专业发展。良好的学校组织文化不仅能激发教师的工作动力，同时也能让他们养成良好的教学习惯，积累经验，形成特色。

第三，实施分层管理的教师专业发展路径。按照教师专业发展阶段理论，整个教师生涯被划分为不同阶段，因此，针对不同阶段教师实施不同的卓越成长计划。如重庆巴蜀小学在对教师职后继续教育中采用了颇有特色的 20 年“阳光互助杯”竞赛 ——不同年段教师的“晒”场，年年晒不同主题的专业。

第四，完善卓越小学全科教师的保障机制。一方面要加大对教师职业后培训的政策保障，另外还应该加大培训力度，更新培训内容和创新培训形式，也促进教师的专业成长。

附录：

教师队伍建设与中国教育现代化 2030
——庆祝第三十三个教师节暨 2017· 中国教师发展论坛述要

（临沂大学 李中国 汤纺杰）

2017 年 9 月 6 日至 7 日，由民进中央主办的“庆祝第三十三个教师节暨 2017· 中国教师发展论坛”在华中师范大学举行，来自教育行政部门和全国教育界的专家学者 200 余人出席，论坛以“教师队伍建设与中国教育现代化 2030”为主题，为推动教师队伍建设和加快推进教育现代化，凝聚共识，建言献策。

一、2030 教育使命与教师素养构想

教师队伍建设与中国教育现代化 2030 有着立足当前、展望未来的声音。未来，科技进步将极大地影响甚至改变教育形态；面向未来，教育将要肩负更大的历史使命：中国经济将不断进行结构调整和产业升级，正需要大量多层次、高素质的劳动者作为人才支撑。面向未来，中国将经历城

乡一体化进程加快，利益诉求更加多样，迫切需要教育更好发挥促进社会公平正义和和谐进步的作用。面向未来，中国将更深地融入世界，增强文化自信，提高国际话语权等重大历史使命，需要更高水平、更为开放、更加多元的教育，培养和造就更多优秀堪当民族复兴和推动人类命运共同体大任的人才。面向未来，联合国教科文组织在第 38 次教科文组织大会上发布了“教育 2030 行动框架”，七大目标勾勒出全球未来教育的宏伟蓝图；各国政府根据教育优先、国家发展战略及资源可利用性，将全球教育目标正转化为实现各自国家目标的重要引擎。

鉴于“教育 2030 行动框架”的发展愿景与信息化、城镇化、国际化和市场化等因素对国民教育体系带来的挑战，专家指出，一支适应中国教育现代化需要、师德高尚、业务精湛、主动思考、善于创新和实现教育变革的高素质专业化创新型的教师队伍是中国教育现代化的关键；要把我国教师队伍建设摆在教育现代化全域内审视，全面深化新时期教师队伍建设与改革，把振兴教师教育、提升教师能力素质摆在更加突出的战略位置；使教师成为有理想信念、有道德情操、有扎实知识、有仁爱之心的好老师，做学生锤炼品格的引路人、学习知识的引路人、创新思维的引路人、奉献祖国的引路人。有代表认为，要实现联合国提出的可持续发展教育目标 SDG4 目标：全纳、公平、优质、终身学习，未来教师将是传道授业解惑者、教学组织者、资源开发者、导学者、研究者以及终身学习者等多种角色的复合体，成为学生青春岁月中的重要他人、成长过程中不可或缺的贵人，影响学生终身发展的精神领袖。有代表提出，未来教师的专业发展能力是信息技术、艺术（教学方法）和学术（学科基本理论）的有机融合，教师要掌握与每位学生学习能力相匹配的个性化教学知识，具备利用互联网和大数据的教育服务能力，形成人机结合的思维模式和行为方式，加速自我数字化。有代表提出，未来教师应具备现代人格，具有现代化的价值观念和文化素养，未来教师的核心素养应包括基础性素养、文化和公民素养，学习能力、自我监控能力、学习迁移能力、掌握核心技能的能力、把握学生个性化需求的洞察力，因材施教的能力及精通的信息技术能力。

二、以信息化带动教师教育现代化

信息化是社会发展的趋势，信息化水平是衡量一个国家现代化水平和综合国力的重要指标。信息化的快速发展改变着社会形态，影响着教育生态。工业社会造就的以课堂为中心、以教师为中心、以教材为中心、以考试为中心的规模化教育生态，与信息社会正在发生激烈冲突，一种信息技术与教育深度融合，以人为本、开放、灵活、多样、可持续发展的新型教育生态正在形成。这种生态孕育了现代教师教育，决定了教师教育现代化的进程和质量。代表们认为，教师教育走向现代化，应着力做好五个方面的工作：

一是用信息化和国际化带动教师教育高水平大学建设，以国家战略和社会需求为导向，以“不断促进人的全面发展”、“推动构建人类命运共同体”为使命，植根于中华优秀传统文化，发扬社会主义先进文化，推进教师教育改革与创新；加强教师教育相关技术及标准研究与实践，鼓励和支持师范院校应用多种信息技术手段改革教师教育，打造有中国特色的教师教育模式，为解决人类教育问题贡献中国智慧、中国方案和中国案例。二是加强教师教育学科专业建设，在教育学一级学科下增设教师教育二级学科，构建和完善教师教育的知识体系和研究逻辑，形成教师教育的精神家园；增加教育专业学位的招生名额，培养一批拥有丰富教学经验又谙熟教学理论的双师型教师；调整专业设置，优化专业结构，增设数字化人才培养专业，加大数字化人才培养数量；改进专业课程，促进信息技术与教师教育专业课程融合，引导和支持广大教师运用新媒体技术，提高数字化水平。三是转变教学模式，由预设性教学转变为生成式教学，发挥课堂教学的知识生成和生命生成的双重作用，实施“互联网＋学校＋课程＋教师＋学生＋家长”的育人模式，通过翻转课堂、慕课、微课、混合教学等方式，推进信息技术与教学内容的深度融合；通过线上线下学习相结合、集中教学与自主学习相补充的多元教学方式，推进现代教学改革。四是打造自然语言交互形态的人工智能教师，通过人机深度交互和数据分析，精确了解青少年发展的一般规律及个体发展特征，即时调取和展示每个人的学习成果，完成精准推送的教育服务，提高差异化学习质量。五是创新网络评价方式，重视信息技术对教育的影响及其带来的新的评价问题，如网上学习评价、网络学习条件下学生发展评价等，扩展学生求知空间，加快创新探索“双维驱动、并联进行”的教师培养新途径，面向“互联网＋”，培养学生利用信息技术进行自主学习与发展能力。①

三、以体制机制创新促进乡村教育发展

乡村教育是现代化教育的重要组成和主要短板，伴随新型城镇化建设的加快，推进乡村教育发展，要通过现代建制教育上移与优质教育资源下沉并举的方式，坚定推进中小学布局结构上移，提升县城区域、中心校、中心乡镇教育的规模化水平；坚定实施优质资源下沉战略，让乡村教育成为小班化、精致化的中国最美教育；建立乡村教师子女享受本区优质教育的相关政策，解除乡村教师的后顾之忧。

乡村教师是发展乡村教育的主力军。针对当前乡村教师存在的数量不足、待遇不高、流动性强等问题，专家建议，建立高质量的乡村教师队

① 李中国．综合实践型教师培养模式研究 [M]. 山东人民出版社，2013：4-5.

伍，一要在协调推进“四个全面”战略布局中必须深化教育综合改革，把优秀的知识分子吸引到教师队伍中来，必须超越道义呼唤，让教师成为全社会令人羡慕的职业。二要建立省级统筹为主的义务教育教师保障机制，关注县域教师队伍建设，提高乡村教师的经济地位、社会地位、精神地位和教育地位；实施乡村教师待遇倍增计划，吸纳城市教师回流乡村工作，厚植本土教师优势。三是构建符合乡村教育特点的乡村教师配置方式，充分考虑留守儿童、流动儿童、乡村小规模学校发展，采取订单式培养、公费培养、乡村教育支持计划等方式，改革师资配置办法，解决乡村学校课程开不齐、开不足、开不好的问题；从实际出发，妥善解决目前农村代理教师的待遇。四是支持乡村教师发展与改造乡村社会并举，加大乡村建设投入，优化乡村生态生活环境，提升乡村文化品质，为乡村教师提供良好的生活条件。

乡村教师培训是推进乡村教师队伍建设的重要抓手，针对当前乡村教师培训存在的城市化现象严重，针对性不强，乡村元素短缺等问题，促进乡村教育发展，有专家们提出如下建议：一要强化顶层设计，构建区（县）教师培训体系，融入农业文明、工业文明、后工业文明时代区县教师培训的体系优势，探索建立分层分类分区的师资培训体系，在基本原则统一，保住底线的前提下，为不同教育层次、不同行业类型、不同地理区域的师资建立不同的培训体系，增强培训针对性和实效性。二要加强信息技术使用，把现代信息技术充分融入教师培训全国过程；打通中小学资源平台和培训平台，使优质资源汇聚到现代农村教师，将培训资源与教材无缝对接进行教学设计。三要加大监管力度，通过政府买单和引进第三方评估的方式，提高培训监管的科学性和公正性；建立混合安排的培训供给机制和多元评估机制，建立部门安排基础上的教师选择机制和培训过程监管机制，包括培训方案的严格执行、培训课程的落实到位、培训过程的高质有效等，减少教师培训中理论与实践的脱节问题。

四、健全教师教育制度助推教育现代化

实现教育现代化必须做好与教师相关的制度设计，为教师提供清晰的基于价值观的内在激励和稳定的外部保障，既有安全的，又有物质的，不能让灵魂的工程师为衣食所困，为五斗米折腰；有代表指出，制度设计要坚持师德建设规范化、制度化，把提高教师思想政治素质和职业道德水平摆在首要位置，把社会主义核心价值观贯穿到教书育人的全过程，突出全员全方位全过程师德养成；要健全教师荣誉制度和表彰体系，大力表彰教书育人楷模、模范教师、师德标兵，提升教师职业的荣誉感和崇高感。要加强体制机制创新，建立健全以省为主的基础教育管理制度，由省级统筹中小学教师编制，在省级范围内根据各市县实际情况招聘和配置教师；针对农村点多面广的实际，按照班师比配制教师，解决农村微型教学点的师资短缺问题；深化中小学教师资格考试和定期注册制度改革，提高资格认证的针对性和实效性，通过全国教师管理信息平台，全面把握教育队伍的整体状况，为科学决策提供重要支撑。①

教师培养制度直接关系到教师培养的机制、内容和质量。有代表指出，要加快教师供给侧结构性改革，推动教师教育创新、协调、开放、绿色、共享发展，重点解决基于师范生培养过程的招录方式、平台建设、师资配置和资源供给，完善高校、地方政府、中小学三位一体的协同育人机制，创设由物理空间、资源空间和社交空间构成的三维空间教学环境，为师生学习和交流提供适合空间和优质资源；加强招生制度改革，通过师

① 李中国，汤纺杰．教师队伍建设与中国教育现代化 [J]. 教育研究，2017（12）：152-154.

范院校和师范专业提前批次录取，增加初中毕业起点的师范生数量，增加招生面试环节，推行“大类招生、二次选拔、分段培养”等方式，遴选优质生源进入教师教育类专业。要优化课程内容，建立国际理解教育课程体系，开展国际理解教育所需要的观念、能力、态度和价值观教育，培育人类理解宽容与合作的理念和素养，助推世界和平与发展。

强化产出导向，扎实推进师范类专业认证。产出导向是《普通高等学校师范类专业认证办法》（试行）提出的最新理念，强调师范类专业的教学设计和实施以师范生的学习效果为导向，对照师范毕业生核心能力和要求，评价师范专业人才培养质量。这一导向强调了学习效果的重要程度和评价主体的多元组成，要求教师培养设计在关注单一高校时空的同时，关照各利益相关者的复合时空。有代表强调，要以认证办法为引领，加快推进师范类专业三级监测认证，以认促强，追求卓越，推进各地各校加强师范类专业内涵建设。

财政是制度改革的基础保障，有代表指出，要深化财政制度改革，加大中央和省两级财政对义务教育的投入，建立省级统筹为主的义务教育教师工资保障机制，确保教师工资按时足额发放；完善教师职称评定和绩效工资评定办法，大幅提高教师基础工资，建立省级统筹的以年薪为主、岗位绩效为辅的动态教师薪酬制度；降低项目经费，提高改善教师生活待遇的经费；让广大教师安心从教、热心从教、舒心从教、静心从教、经心从教，在岗位上有幸福感、事业上有成就感、社会上有荣誉感。

（教育研究 2017.12）

第四章　教师专业发展与教师教育

第一节　让儿童快乐：教师的使命

在重视以人为本、回归生命、关注儿童的今天，教师如何才能帮助儿童快乐成长是一个时代话题。儿童需要快乐，儿童生命的健康成长需要快乐。成人在儿童生命成长中扮演着重要角色，应为儿童生命的快乐成长导航、助力。教师应自觉引导家长一起，为儿童生命的快乐成长做专业性引领。

一、儿童快乐的生命意义

（一）快乐是儿童生命健康成长的一个重要标识

何谓快乐？词典解释是，快乐是人的需求得到满足、感受良好时的一种情绪反应，是一种美好的状态。快乐是人类精神上的一种愉悦，是一种心灵上的满足，它会使一个人变得开心。快乐源于人的内心，一切的快乐都在自己的心里。可见，快乐不是简单的情绪反应，其内涵非常丰富，是与人的需要的满足、感受的良好相关，是精神与心灵的愉悦与满足。

从能量的角度看，快乐是一个人生命能量为“正”的表现，是其生命正能量的“溢出”状态。也就是说，一个快乐的人，表明他的生命能量“不缺”而且“为正”。正因此可以断言，快乐的人是健康的人。一个人生命能量为正，必然能满足其生命成长之能量需要，故而生命状态表现为健康。当然，快乐不是健康的全部，却是其重要组成部分和主要标识。一个人的生命健康，就会自然“散发”快乐的气息。

快乐不是不努力、不是不付出艰辛劳动、不是不面临痛苦、矛盾、困惑。恰恰相反，真正的快乐、大的快乐正是努力、付出、走出、战胜之后的精神愉悦、心灵满足。这一过程也标志着一个人的生命成长，没有痛就没有快，没有这样一个过程，就没有这样一个结果，人也就不会快乐。所以，不能简单地理解快乐，更不能简单地否定儿童的快乐成长。

（二）快乐是儿童需要适切满足的体现

需要的满足，对个体生命成长具有重要意义。个体生命的成长具有多种可能性，成长为哪一种可能，在一定程度上取决于他自身遗传特性与环境契合或环境激活了他生命内在的什么样需要，以及这种需要满足与否、满足程度如何。一个人的需要，在他的儿童时期满足与否，直接影响他的生命成长状态与生命质量。英国学者迈·凯梅·普林格尔在《儿童的需要》一书的开篇写道：只有满足儿童在物质、情感、社会意识及智力发育方面的需要，才能使他们尽情享受生活、充分挖掘潜力、成长为积极参与社会并为之做出贡献的人。

在生活中，我们不难发现，儿童需要做自己，儿童的快乐也就在于“做自己”——做自己想做的事、感兴趣的事、能做的事。哪怕在成人看来再无趣、再无意义、再不可能，儿童也乐在其中。因为儿童活动的结果不是目的，过程就是目的。由此，面对儿童的需要，其周遭的人，尤其是与他有直接、密切关系的人，应该是尽可能地提供他需要满足的条件，给他输入生命正能量。

（三）成人是儿童快乐的源头性因素

儿童的快乐并非能自然而然实现，也不能完全由儿童自主决定，而是离不开外在的条件与支持力量。虽然儿童期是生命过程中的一个独立阶段，有着自己的特点，不同于成人世界。但儿童是生长于成人文化中，生长于成人为他们搭建或提供的环境中。一定意义上讲，儿童是什么，并不取决于儿童本身，而取决于成人怎么认识和怎么对待儿童。人类发展历程中儿童观的演变即表明了这一点，今天依旧如此。所以说儿童的快乐成长，并非靠自己就能实现，而是离不开成人的支持与帮助。

一定意义上讲，一个人长成什么样，与他的人生经历、感受、体验、经验密切相关。对任何一个人而言，是生活经历、生命感受、生命体验造就了他。有什么样的生活经历，就会引发什么样的生命感受、体验，就会留给他什么样的经验。一定意义上讲，一个人就是其经验的“产物”。一个人拥有快乐的经历、感受、体验、经验，很难不成为一个快乐的人。为此，成人在儿童成长过程中，应尽可能帮助儿童经历、感受、体验快乐，形成快乐的经验，并为此提供所需的正能量。

二、造成儿童不快乐的成人归因分析

现实中，儿童不快乐的一个重要原因是成人并非给予他们快乐成长的助力，反而是阻力。成人以“爱的名义”，通过各种方式、途径限制、约束、压制着儿童，使儿童不能做他们自己感兴趣的事、不能做他们能做的事、做不成他们靠自己的努力能做得成的事。那么，成人为什么要这样呢？考察现实生活中教师（成人）对待儿童的态度与行为，主要有以下几方面原因。

（一）“不懂”儿童

不懂儿童，是目前一线教师存在的主要问题。在对全国多地参加过培的教师进行调查时发现，他们对儿童的了解相当缺乏。当提出“你们了解儿童吗？”问题时，许多老师“一脸茫然”；当问及是否知道儿童需要什么时，八九成的教师“摇头”；虽然有些教师说出他们对儿童需要的“知道”，但绝大多数是他们“想出来的”而非真实的儿童需要。

尽管成人都有过童年，都从儿童走来，但步入成年之后对儿童的世界似乎均已陌生。面对儿童时，更多地是站在成人的立场、角度来看待和要求儿童。尤其是教师，“教育者”“传授者”“师长”“代言人”等角色职责无形中使教师更加“自以为是”。再有，在教师职前培养与在职培训中，更多地是学科基础知识的学习，很少接受有关儿童知识的学习。在职工作中，更多地是从事学科教学，缺乏对儿童的真切关注、对儿童教育的研究。

（二）“不善”儿童

当儿童的行为不符合成人的要求时，当儿童的言行出现错误时，成人常常会直接地或最先“推定”儿童是“故意作对”、“恶意所为”。但当有机会走进儿童内心，了解到儿童行为背后真实的动机时，成人往往会感到惭愧。因为儿童所谓“违背”成人意愿的行为或“错误”的背后原因，完全不是成人所作的“恶”的判断，往往更有成人所“意想不到”的美善。

更可悲的是，成人往往不去了解儿童的真实动因、不愿倾听儿童的原由，依据自己的主观臆断对儿童进行“教育”。正是在成人反复这样的对待过程中，儿童的天性、美善的德性、独特的个性，或被成人的偏见所扭曲、压抑、泯灭，或被成人的特点所代替，失去了“做自己”的可能。

（三）“不信”儿童

不相信儿童，是造成儿童不快乐深层原由之一。在现实生活中，成人为儿童“做得太多”的一个原因是不相信他们。如有中小学校长曾忧心忡忡地说，“现在的孩子不会玩，就知道傻玩、疯玩。”为了不让他们如此，教师就“尽心尽力”地为儿童设计活动、组织活动，但过于成人化的设计，已远离了儿童，并不是儿童想要的活动，儿童在被活动中自然难以快乐。教师更多地为儿童“做这做那”，已剥夺了儿童自己支配的时空，使他们不能快乐。

当然，成人的职责就是为儿童服务。但建立在不相信儿童基础上的，以成人“自己的喜好”“成人的经验”“自己的标准”的为儿童服务，更可能的结果就是事与愿违。对儿童的不信任，实质是对生命的不信任，是对生命之向上性、向善性、智慧性等本质特性缺乏必要的认知。

若“深究”成人这样对待儿童的根源，可以概括为成人对生命认识与理解的有限，对人生认识与理解的有限，对自己认识与理解的有限，因而难以正确认识与理解儿童。

三、教师应“心力并用”为儿童生命快乐成长“导航”“助力”

2012 年初教育部颁布的我国《小学教师专业标准》，其中一个基本理念就是以儿童为本。这是合格小学教师的必备条件。那么，怎么才能实现以儿童为本呢？一个答案就是，教师要回到儿童生命之中、儿童的生活之中正确认识与理解儿童。儿童生命的成长既离不开自身的生命特性，也离不开生活环境，是两者互作的结果。所谓回到儿童生命本身主要是回到儿童的生命需要、儿童的天性和儿童期生命发育特性之中。回到儿童的生活世界就是要回到儿童的生活环境和生活经验、感受与体验之中。如果仅仅站在成人的角度，教师是很难能真正认识与理解儿童的。①

（一）正确认识与理解儿童在小学的“身份”和教师角色

儿童进入小学学习后，其身份是“小学生”还是“小学儿童”？对教师而言，这是一个非常重要的问题，站的角度不同，对待儿童的方式与结

① 李中国，黎兴成．教师教育学科的建设逻辑 [J]. 教育科学，2018（6）.

果也会不同。在小学中，儿童具有双重角色——小学儿童和小学生。前者是从生命的角度上讲，后者是从社会角色角度上看。儿童进入小学后，需要通过一系列的、持续的学习才能成为一名小学生，在小学阶段，他们是不断学习成为一名学生的小学儿童。

当儿童仅仅被看成是小学生时，教师对他们的要求、评判与行动均以“学生”标准，不符合这一标准的就视为“不应该”、“不对”，必须加以批评、指责、立即改正。而过早、过严地以学生的标准来对待儿童，尤其是低年级的儿童，会给他们的身心发展造成不良影响，还可能会带来意想不到的负面效果。当儿童被看成儿童时，教师才可能理解他们在课程教学中出现的各种不符合小学生标准的“状况”，才更可能以恰当地态度与方式对待，不至于造成不良后果。

作为教师，只有将儿童看作儿童，而不仅仅是小学生，才可能保护并实现小学儿童对学校、学习的期待与憧憬；不仅如此，作为教师，还应该明确教师角色定位。教师，是儿童教育工作者，不是某一学科教学者。学校的本位是“儿童教育”，而不是“学科教学”。教师应能突破“学科教学”本位，真正回归以“儿童教育”为本位，才可能真正为儿童的快乐成长提供正能量。

（二）为儿童生命快乐成长付出热情和温暖

安全、温暖的气氛能让人感到快乐，教师在与儿童交往中，要注意营造这样的气氛。德国教育人类学家 O·F· 博尔诺夫指出，教育成功与否往往取决于生活环境中一定的内部气氛和教育者与受教育者一定的情感态度。一般称之为教育气氛，并把它理解为情感、情绪状态及对教育抱有好感或厌恶等关系的总和。教育气氛对教育的成功具有极其重要的意义。在教育活动过程中，教师生命所释放出来的热情与温暖，会营造安全、温暖的气氛，会感染学生，温暖学生，使学生获得快乐的同时在不知不觉中吸收到教师的生命正能量。

对教师来说，与儿童交往中付出热情和温暖，并不是一件非常困难的事情，但也不是轻而易举的。理解生命的意义、理解教育的意义、相信生命、相信儿童，就容易做到了，反之亦然。人是具有学习潜能的，学习是人的天性，没有学习能力，也就不能生存。人是具有创造潜能的，创造是人的天性，没有创造力，也就没有人类今天的梦想、追求与成功。儿童的潜能是无限的，只要教师相信儿童，肯给予他们热情和温暖，他们就会不断释放自己的生命能量，不断创造一个又一个的“奇迹”。

（三）储备帮助儿童快乐的能力

生命精神的成长，犹如生命之躯的成长，不但需要来自其生命内在的动力，也离不开生命外在的支持，离不开从生命之外获得能量。生命成长的过程是生命内外的矛盾冲突的过程，是不断突破自身、环境限制的过程，这其中需要努力、克服、坚持、毅力，即需要生命不断地吸收外在能量。

教师是儿童生命精神成长的重要“能量源”。教师要有心向和能力用儿童听得懂的语言、理解得了的道理来开启儿童寻找快乐的意识与能力。在此，以魏书生老师帮助一位考试总是“全校倒数第一”的学生“寻找快乐”的故事为例。

“孩子，既然翻来覆去都是倒数第一，那就用不着自卑了。自卑还有用吗？焦虑、痛苦、纠结还有用吗？”“老师我知道没有用，但是怎么办呢？”“找快乐呀！”“什么都不能做还怎么快乐呀？”“你能做好多事，能算好多题，能读很多书，能写好多字，能画好多画。”“当你在每堂课每分钟脚踏实地一道题、一篇文、一个字地写着算着，你充实了、幸福了、实力增强了、心态变好了……”“很小的事别人看来没什么意思，但你越做越有趣，越做越开心，全身心投入也干不够的时候，你才发现多小的事情都是一个宏大的世界。”

魏书生认为，教师应吸引学生做他力所能及的小事，目标非常清晰，任务极其具体又不难，学生都能短时间、全身心地扑到学习上；教师就是帮助学生先快乐起来、自豪起来、喜悦起来；就是让每个学生都明白自己是一个宏大世界的集合体，把自己内心深处积极的、勤奋的、向上的、乐观的等优点长处表述明白、守住它，不动摇，不懈怠，不折腾；最要紧的是学会了把焦虑变成踏实，把自卑变成实干，把烦恼变成自豪感、成就感，改变了精神状态，改变了人生的状态。

最为根本的是教师需要不断地认识自己，并追求成为优质自己。在平常的工作生活中，不但使自己而且要帮助儿童逐渐明了“怎样在平平凡凡的岗位上过着一天又一天平平常常的日子，怀揣一颗平平常常的心做着一件又一件平平淡淡的事情。不攀不比，高高兴兴，眼睛向内，脚踏实地。把那个平平淡淡的事情干得有滋有味，有声有色，从从容容，快快乐乐，如诗如画，如舞如歌。”

当然，教师应掌握一定的研究方法，应能通过问卷、谈话、观察、实践活动等方式了解儿童的需要，应积极探索一系列行之有效的工作方式方法，在自己的教育生活中尽量多地为有缘“相遇”的儿童提供使其快乐的正能量。

第二节　小学教师教学发展：内涵解读与路径选择

1991 年，美国教育协会（NEA）构建了“专业发展、组织发展、个人发展、教学发展”的四维教师发展模型，其中教学发展被认为是教师发展的逻辑起点和核心内容，教师教学发展随之引起了学界的普遍关注。《国家中长期教育改革与发展规划纲要 2010-2020 年》明确指出：“教师要把教学作为首要任务，不断提高教学水平。”在教育供给侧改革、新课改和教师专业化的多重背景下，小学生的异质性和复杂性越来越显现，小学教学内容的深度和广度越来越突出，教学环境的多维性和两义性越来越强烈，由此给小学教师的教学实践带来的困难和挑战也越来越大。重视和研究小学教师的教学发展问题，明确其核心意涵和基本特征，选择和确立其实现路径，具有非常重要的理论意义和现实价值。

一、小学教师教学发展的内涵解读

关于教师教学发展的内涵，目前我国学术界存在着不同解读与阐释，尚未形成大家一致赞同的观点。有学者从教师个体教学行为发展的视角，指出教师教学发展是教师为了实现自身教学理想与人生价值，通过教学反思和行为模塑，消解教学问题与困惑，丰富教学模式与策略，提升教学能力和质量的过程①。有学者立足于内外部因素的交互作用，认为教师教学发展是教师在个体努力与外部支持下，不断更新教学理念、充实教学知识、提升教学能力、形成教学风格，进而促进自我价值实现以及学生生命成长的过程②。有学者从理性思考与超越之维的角度，认为教师教学发展是教师通过持续不断的专业学习、理论探究、实践反思和发展行动，提高自身教学专业意识、专业智能和专业精神，以实现促进学生有效学习的卓越教学以及自身生命价值的专业成长历程③。有学者主张应当从应然意义上进行解读，认为教师教学发展是以教学咨询组织为主要载体，通过教师

① 陈德良，周萍 . 教师教学发展的路径探论 [J]. 教育理论与实践，2011（3）：21-23.

② 焦燕灵 . 教师教学发展的内涵、意义与路径指要 [J]. 教育探索，2013（4）：89-91.

③ 苏强，吕帆，林征 . 教师教学发展的理性思考与超越之维 [J]. 教育研究，2015（12）：53-58.

教学发展协同机制的构建，引领教师的教学反思、协同与创新，以实现教学质量与教学水平持续提升[①]。还有学者站在组织支持与服务的立场，指出教师教学发展是学校或社会组织通过各种有效途径，为教师提供一系列持续支持与个性化服务，从而使其在教学价值观、教学学术与教学能力等方面获得良好发展[②]。

上述观点虽然认识的视角和侧重点不同，但在一定程度上都切入到教师教学发展的共同特征，即教师教学发展是一个复杂的、系统的、动态变化过程，它不仅受教师自身教学价值观、教学哲学观、教学自主意识和能力等主观因素的影响，而且受教学理论、教学制度、教学管理、教学环境等客观因素的影响；教师教学发展的根本目标在于生成教学理念、丰富教学知识、提高教学能力、形成教学风格、促进学生和教师共同成长。小学教师教学发展表现出以下几个突出特点：

第一，主动性。小学教师的教学发展虽然受到诸多外部因素的影响与制约，但它决不是被动的、机械的，其发展的根本动力来自于小学教师自身的主观能动性，表现出极为强烈的积极性、主动性和自觉性特征。为此，小学教师教学发展一定要实现由“要我发展”到“我要发展”的转变与超越。小学教师在自身教学发展方面的追求应当是自主的，是源自内心对教学的正确认知、深深热爱和美好期盼，能够积极主动地确立发展目标，及时有效地展开批判性反思，并转化为具体可行的实际行动。

第二，阶段性。小学教师教学发展不是一个结果，而是一个伴随着教师教学生涯始终的持续不断的过程，表现出明显的阶段性特征。从一般意

① 康翠萍．从"理念"到"行动"：高校教师教学发展的理性之路[J].江苏高教，2016（2）：6-11.

② 陈时见，周虹．高校教师教学发展的实践路径[J].高等教育研究，2016（8）：35-39.

义上来看，小学教师教学发展可以划分为教学规划、教学执行和教学反思三个阶段。教学规划是指小学教师依据自身教学发展实际需要所制定的切实可行的行动方案；教学执行是指教学规划方案的具体实施以及教学实践活动的实际运行；教学反思是指小学教师对自身教学发展过程及其达成效果的审视和评价。小学教师教学发展就是在这三个阶段循环往复的过程中螺旋式上升提高的。

第三，整体性。小学教师教学发展的内容既包括教学价值观和教学哲学观，也蕴涵教学能力和教学学术，是这几个方面全面协调发展的结果，具有突出的整体性特征。教学价值观和教学哲学观是小学教师对教学所具有的意义和价值的反映，它是小学教师教学能力与教学学术水平提升的前提和基础；教学能力和教学学术作为小学教师教学发展的核心和关键，它一旦得以形成和提高，又会反过来影响小学教师对教学价值观和教学哲学观的认识和理解。小学教师教学发展上述四个方面的内容既彼此关联又相互影响，它们辩证地结合成一个有机整体。

第四，情境性。小学教师教学发展离不开丰富多彩、生动活泼的教学实际生活，它是一个具有高度情境性的过程。一方面，小学教师的教学素养主要是依靠个体对教学实践的感悟和体认而获得的，小学教师必须基于自身教学理念和教学行为的反思，进行教学价值观和教学能力等的自主建构，进而获得教学发展的动力之源；另一方面，由于在多种因素影响下的教学情境具有十分突出的不确定性，决定了小学教师教学发展必须与教学的现实场域紧密联系，并与同行之间建立起良好的合作关系，在互助合作的文化氛围中更好地实现自身的教学发展。

二、小学教师教学发展的路径选择

由于教学具有复杂性与不确定性、科学性与艺术性特点，决定了小学教师的教学发展不是一种简单的“事实性存在”，而是一种受多种因素交互影响的“价值性存在”，具有十分鲜明的“系统工程”特征，其路径选择需要从多方面进行综合考量。

1. 转变教学理念：实现小学教师教学发展的前提

首先，小学教师要形成个体的教学哲学。有学者指出：“教师的哲学，是指他在‘哲学地思考’，像哲学家般地反思、抽象、批判教育教学中的各种关系，思考教育的目的、内容、方式方法抑或自己和学生的思维方式。”也就是说，形成个体教学哲学并不是要求教师成为教学哲学家，而是要运用哲学家的思维方式思考教学的本质、规律及其价值等问题，诸如“什么样的教学是好教学”“什么样的课程是好课程”“什么样的方法是好方法”“什么样的教师是好教师”“什么样的学生是好学生”等。只有对这些教学的基本问题形成正确的价值判断，才能引领教师教学发展的正确方向，激励教师积极主动地进行教学发展。

其次，小学教师要树立教学学术的理念。20 世纪 80 年代，美国当代教育学者博耶创造性提出了“教学学术”的理念，在美国继而在西方掀起了一场轰轰烈烈的教学学术运动，对传统以科研作为唯一教师考核标准的价值导向产生了强大冲击，为学校教学具有与科研同等重要地位奠定了基础，在教师教学发展方面发挥了积极作用。小学教师要树立教学学术理念，倡导像科学研究那样进行深入的教学研究，并且把教学研究融入于教师的备课、上课、教后记、听评课和读书等日常教学过程的始终，在今后的研究中应扩大研究范围，开阔研究视野等。[①]

第三，小学教师要坚持正确的教学发展理念。教学既是一门科学，又是一门艺术，是一项专业性很强的创造性实践活动。小学教师教学水平的

---

① 李中国，黎兴成 . 我国高校教师教学研究的热点状况分析——基于 2005-2015 年 CNKI 文献的共词分析 [J]. 教育研究，2015（12）.59-66.

提高不仅需要向专家和同行学习，而且更需要与学生合作和交流，这是丰富与改善自身教学的重要路径。小学教师要意识到自身教学发展决不是静态的结果，而是一个动态的、持续不断的、永无止境的过程，要积极主动谋求自身教学发展，勇于面对教学过程中的挫折与失败，在教学实践中不断反思和成长。学校要注意设计和实施常态化的、为教师所喜闻乐道的教学发展项目，积极营造有利于教师教学发展的教学文化、教师文化和学校文化氛围，鼓励教师更多地投身于教学活动和教学研究中，逐步形成自身独特的教学风格和教学艺术。

2. 激发教师自觉：实现小学教师教学发展的根本

从具体实践来看，小学教师的教学发展一般表现为两种基本路径：一种是“由外向内”“自上而下”的“外驱式发展”，它源于基础教育变革和教学质量提升的客观要求，由教育行政部门和学校主持开展的教学培训；一种是“由内向外”“自下而上”的“内源性发展”，它源于小学教师自身教学素养和教学能力提升的内在需要，是小学教师自觉自主的教学发展。从根本上来说，小学教师的教学发展应当是一种“内源性发展”，这是其教学发展的根本动力。为此，必须坚持“以人为本”，最大限度地激发小学教师教学发展的热情与自觉。

首先，小学教师要加强研究性学习。研究性学习并不像传统学习那样过于看重结果，而是重视学习过程中的研究意识、创新思维、情感体验、人格模塑和道德养成；它具有突出的问题解决导向，重视在理论探究的基础上实现教学实践困惑和疑难的有效解决，因而对小学教师教学发展极具积极价值。

其次，小学教师要重视反思性实践。所谓反思性实践，其实就是以批判性反思的方式审视自身的教学行为和教学实践。日本当代著名教育学者佐藤学主张把教师分为“作为公仆的教师”、“作为劳动者的教师”、“作为技术熟练者的教师”和“作为反思性实践家的教师”等四种类型。其中，“作为反思性实践家的教师”就是强调教育教学的专业化和反思性，能够创造性地直面和妥善解决“唯技术化”弊端下复杂的教学问题。我国教育学者叶澜和林崇德在概括优秀教师专业发展时都不约而同地提出一个公式：“优秀教师成长 = 经验 + 反思”，正表明了反思性实践对小学教师教学发展的重要意义。

最后，小学教师要加强教学行动研究。教学行动研究秉持“在教学中、通过教学、为了教学”的理念，其核心价值追求在于对教师教学实践的参与和教学行为的改进，它能使小学教师把教室作为自然的“实验室”和“研究场”，在清晰的自我效能感支配下实现研究和改善教学，从而促进自身教学发展水平的持续提高。

3. 完善制度设计：实现小学教师教学发展的保障

首先，要不断完善小学教师教学评价制度。小学教师教学评价不仅要注重教学工作量、作业批改和课外辅导数量、教研论文发表等定量评价，更要重视教学规范、教学效果、教学质量等定性评价；教学评价标准的制定要科学合理，既要面向广大教师体现出统一性，也要充分考虑不同学生群体和不同学科教师教学的特殊性；要通过教学评价的制度导向，引领教师把更多的时间和精力投向教学。

其次，要加大教学业绩在职称评聘中的比重。当前小学教师职称评聘有论资排辈、科研为重的偏向，致使一些默默耕耘于教学一线且效果优秀的年轻教师难以很快实现职称晋升。为此，需要对职称评聘设定教学时数、教学质量量化的最低标准和教学学术水平的基线，在基本条件达标的情况下，优先依照其教学发展水平评定职称。

第三，加强对优秀教学奖励的制度化设计。优秀的教学成果也代表了小学教师的学术水平，因而应像对高水平科研成果的奖励一样，加大对优秀教学成果的奖励力度。如我国从 2003 开始实施的“教学名师”计划，就是对教学绩效优秀的教师所给予的一种荣誉奖励。

第四，要进一步完善新教师助教制度。助教制度是指刚分配到学校工作的年轻教师，前一两年要跟随教学能力优、教学效果好、责任心强的老教师做助手，通过这种“传、帮、带”提升其教学水平。这种制度一方面能使新教师了解自己所从事的学科专业，熟悉自己的教学活动场域，另一方面也能从老教师身上感受到敬业精神、学识修养、教学风格和教学艺术，从而更快地实现自己的教学发展。

4. 实行差异培训：实现小学教师教学发展的关键

作为教师专业发展的特殊领域，教师教学发展也是一个受诸多因素影响的动态变化过程，表现出自身特有的本质与规律。有学者在实证分析的基础上就曾指出：“在教学头几年，教师不断积累教学经验，教学效果呈上升趋势。教了五、六年后，教师已经习惯于以往的教学方式，进步的速度就不像以前那样快，甚至有逐渐下降的趋势。此时教师如果不加强自我发展和完善，最后就会出现衰退现象。”这也就是说，教师教学发展往往存在着“高原期”现象，此时教师如果不能及时正确地加以归因分析，忽视“高原问题”的妥善有效的解决，其教学发展就很有可能会丧失前进的信心与动力。由此可见，小学教师教学发展的“高原期”其实也正是其教学发展的“最佳期”和“关键期”，而这一问题的有效解决在很大程度上要依靠针对不同教师群体实行的差异化培训。

针对新入职教师，要重视不同任教学科和不同教育背景教师的差异性，重点进行教育教学理论知识的传授以及教学技能和技巧的训练；针对处于“高原期”的教师，培训内容要侧重于教学理念的转变和如何顺利渡过高原期的心理咨询和心理疏导，培训方式要注意采用专家引领与教师同行之间的交流、反思相结合，培训时间上要注意经常及时、随时随地；针对教龄超过15年和具有高级职称的教师，培训内容应该侧重于学科专业前沿、新的教学理论、新的教学技术方面的学术性培训，培训形式要突出学术沙龙或学术研讨、头脑风暴、批判性反思等的价值作用，培训时间上则可以适当延长一些。

5. 建构发展共同体：实现小学教师教学发展的条件

美国教育联合会1991年在对教师发展进行界定时，曾经鲜明地提出了“组织发展”的概念，即以“共同体”的形式塑造和谐有效的组织氛围，加强和增进教师之间的交流与合作，以便形成更优更佳的教学实践。小学教师的教学发展同样需要共同体的支撑，它能够为小学教师提供一个与新的教学思想理念、新的学习和研讨材料、共同体其他成员展开情感交流和智慧碰撞的良好契机，通过共同体情境中教师间的沟通、交流与分享，从而实现共同体所有教师的教学发展和教学成长。教学发展共同体一般是在学校日常教学活动中形成的，它可以以校为单位，也可以是校际或者区域间结成的联合体。

目前我国学校教学发展共同体主要有“实体”和“虚拟”两个类别：所谓“实体”，是指共同体成员之间可以面对面进行探讨和交流。如有些学校建立的“新教师共同体”，新入职教师为了更快地适应教学岗位，他们对教学能力提升具有强烈愿望，需要形成共同体以便能够及时获取帮助；再如以教学研究项目为支撑的共同体，它具有明确的教学研究和教学改革目标，通过成员之间的分工协作和集思广益，展开深入的专题式教学研究活动，撰写出高水平的教学研究论文，或形成新的教学方法与教学模式，或设计与开发出新的教学课件。所谓“虚拟”，是指共同体成员在网络空间里展开的非面对面的探讨与交流。虚拟网络共同体的召集人应当是对学校教学工作具有较高热情和责任心的教师，其主要任务和根本目标是在促进教师个体教学专业能力提升的基础上，使其顺利转化为一种组织化行为，把教师个体学习转变为团队化的协作学习，教师的教学发展也因此实现知识、技能与教学学术的有机统一。[①]

第三节　构建小学教师文化

一、小学教师文化研究的理论基础

（一）相关概念界定

1. 文化内涵

“文化”是应用十分广泛的一个概念。在英语里写作 culture，原意为种植、耕作，含有通过劳作获得成果之意。到 16 世纪才逐渐演变为培育、有教养等意义。根据威廉斯（Ryamond Willimas）考证，从 18 世纪末开始，西方语言中的“culture”一词的词义与用法发生了重大变化。他说，“在这个时期以前，文化一词主要指‘自然成长的倾向’以及一根据类比一人的培养过程。但是到了 19 世纪，后面这种文化作为培养某种东西的用法发生了变化，文化本身变成了某种东西。它首先是用来指‘心灵的某种状态或习惯’，与人类完善的思想具有密切的关系。其后又用来指‘一个社会整体中知识发展的一般状态’。再后是表示‘各类艺术的总体’。

① 李中国，黎兴成．我国高校教师教学研究的热点状况分析——基于 2005-2015 年 CNKI 文献的共词分析 [J]. 教育研究，2015（12）.59-66.

最后，到19世纪末，文化开始意指‘一种物质上、知识上和精神上的整体生活方式’”。[①]

首次给文化下完整定义的是英国人类学家爱德华•泰勒，1871年在《原始文化》一书中最先对文化作了系统地阐释，他将“文化”界定为“是包括全部知识、信仰、艺术、道德、法律、习俗以及作为社会成员的人所掌握和接受的任何其他的才能和习惯的复合体”。泰勒强调了“文化”在精神层面的涵义，他的文化定义被认为是第一次给文化一个整体性的概念，并给后来的文化研究者奠定了基本的范畴。[②]

《简明文化人类学词典》中“文化通常是指人类社会的全部活动方式，它包括一个特定的社会或民族所特有的一切内隐的和外显的行为、行为方式、行为的产物及观念和态度。”[③]内隐文化是以人的精神世界为依托的各种文化现象，如观念文化。[④]外显文化指具有明确的形态和模式，是可以耳闻目睹的文化，如制度文化、行为文化、物质文化。[⑤]

综上所述，文化是人类特定群体所特有的一切内隐和外显的行为、行为方式、行为的产物及观念和态度，包括行为文化、物质文化、制度文化和观念文化。

2. 教师文化内涵

（1）从教师文化的内容定义

陈永明认为：“教师文化是学校文化中的亚文化，它是教师在教育教学活动中形成与发展起来的价值观念和行为方式，主要包括教师的职业意

① Raymond Williams.《文化与社会》pxvl 转引自韦森 . 文化与制序 [M]. 上海：上海人民出版社，2003.9.

② [英] 爱德华 . 泰勒，连树声译 . 原始文化—神话、哲学、宗教、语言、艺术和习俗发展之研究 [M]. 上海：上海文艺出版社 .1992.112.

③ 陈国强等 . 简明文化人类学词典 [M]. 杭州：浙江人民出版社，1990.

④ 黄安永等. 物业管理词典［ M ］. 南京：东南大学出版杜出版社，1999.

⑤ 马国泉等. 新时期新名词大辞典（精装本）[M]. 北京：中国广播电视出版社 .1992.

识、角色认同、教育理念、价值取向、情绪以及行为反应等等。”[①] 刘倩将教师文化定义为共同学校环境中的教师群体，在教育教学过程中所形成的特定的价值观念和行为方式。凌小云提出“教师文化是教师在教育教学活动中形成与发展起来的价值观念和行为方式。它主要包括教师的职业意识、角色认同、教育理念、价值取向及情绪的反应等。”[②] 童远铭提出“教师文化是一种特殊的学校文化，是教师在积累教学经验的过程中发展起来的价值观念和行为方式，主要包括教师的教学观念、角色定位、价值观念等。[③] 孙春福认为:“教师文化是指教师在教育教学活动中形成与发展起来的价值观念和行为方式，是学校文化的重要组成部分。它主要包括教师的职业意识、角色认同、价值取向、思维方式、态度倾向与行为方式等。”教育大辞典中认为教师文化即“教师的价值观念和行为方式”。[④] 日本学者佐藤学认为:“教师文化系指教师的职业意识，专业知识与技能，感受‘教师味’的规范意识与价值观、思考、感悟和行动的方式等等即教师们所特有的范式职业文化。”[⑤]

（2）把教师文化从内容和形式上两方面进行定义

张九洲、房慧将教师文化理解为内容和形式两个方面，它既包括教师团体的价值信念、态度、习惯以及行为规范，也包括教师之间的关系形态以及集体成员的结合方式。教师文化构成了一种“集体无意识”，对教师个体具有内在的约束力，它是解释教师行为的重要参考。[⑥] 美国学者哈格里夫斯认为，教师文化可分为内容和形式两个方面，在内容上包括特定范围的教师集体共享的态度、价值、信念、习惯、假设以及行为方式等，而

① 陈永明. 教师教育研究［M］. 上海：华东师范大学出版社，2000.
② 刘倩 . 教师文化对小学新手教师职业发展的影响研究 [D]. 天津师范大学，2012.
③ 童远铭 . 谈新课程理念下的教师文化重建 [J]. 教学与管理，2004,（10）.
④ 孙春福 . 基于“学习型组织”理念的教师文化建设研究 [D]. 苏州大学，2008.
⑤ 佐藤学 . 课程与教师 [M]. 钟启泉译 . 北京：教育科学出版社，1999 .
⑥ 张九洲，房慧 . 当代教师文化释义 [J]. 现代教育科学，2006,（3）.

内容外显于教师的所思、所说和所做。其形式则包括处于特定文化群体中的教师之间的人际关系模式和联系方式，划分的标准主要是教师同事之间的人际关系状况如何。[①]袁志强、王河滨认为教师文化包括内容和形式两个方面，教师文化的内容，是指教师在教育教学活动中形成与发展起来的一系列价值观念或更为隐蔽的基本假设。主要包括教师的职业意识、教学观念、教师角色认同和学生观念等。教师文化的形式，则是指教师文化的内容在学校实物或教师行为上的反映。它可以体现在学校的教师行为规范、教案、教学心得和教学总结等实物形式上，亦可体现在教学行为中，还可体现在教师与学校领导、学生、家长和同事的交往方式中。[②]

（3）对教师文化从动态、静态两个维度进行理解。

胡乃霞从动态、静态两个维度对教师文化进行理解：从静态来看，教师文化就是教师群体在长期的教育教学实践中形成的教育思想、教育信念、教学观念以及教师角色认同等精神因素的总称，其核心是教育教学价值观；从动态来看，教师文化就是教师在教育教学活动中表现出来的习性、习惯、思维与行为方式，其核心则是行为方式。前者主要体现在教师身份文化中，后者则主要表现在教师形象文化、交往文化中。[③]

综上所述，可以把教师文化从形式和内容上两方面进行划分，内容上教师文化是教师的价值观念和行为方式，主要包括教师的价值取向、角色认同、教育理念、职业意识和行为方式等；形式上教师文化是教师与教师、学生和家长之间的人际关系及教师集体成员之间的结合方式。

① 马玉宾，熊梅．教师文化的变革与教师合作文化的重建 [J]. 东北师范大学学报（哲学社会科学版），2007（4）.

② 袁志强，王河滨．触动课程改革深处的那根“弦”——学校教师文化改革 [J]. 教学与管理，2006（12）.

③ 胡乃霞．新课程背景下教师文化研究 [D]. 西北师范大学，2009.

（二）相关研究综述

1. 国外教师文化研究概述

国外的学者，较早对教师文化开始了研究，成果颇丰。国外关于教师文化的研究始于 20 世纪 30 年代，迄今已走过大半个世纪。许多学者进行了长期的研究，取得了较为丰富的成果。追溯其研究的进程，可以分为三个阶段：

第一阶段是 20 世纪 30 年代，教师文化的开启阶段。美国社会学家沃勒（W.W.Waller）最早对教师文化进行研究，他于 1932 年出版的经典性研究《教学社会学》为教师文化领域打开了大门。他在《教育社会学》中从教师社会交往的各个层面来研究学校生活，从社会控制的角度来研究教师文化。学校本质上是一种强制性的组织，师生间存在着一种必然的冲突。这一时期，主要是从社会外围控制的角度来阐释教师文化，为以后的学者提供了很多值得借鉴的东西。

第二阶段是 20 世纪 70 年代，教师文化的发展阶段。以芝加哥大学社会学家洛蒂（Lortie）的著作《学校教师——社会学研究》（1975 年）为新起点，掀起了教师文化研究的风潮。洛蒂继承了沃勒的研究，代之以考察教师集体所拥有的集体心性，旨在理解未充分专业化的教师文化的精髓。该书多角度地综合了关于教师的历史考察、问卷调查、教学观察等方法，关涉教师供给与研究制度性研究，真实地反映了在教学过程中所形成的教师特有的意识和情感。这个时期的研究特点在于，反思过去批判教师的现象，阐述不合理的学校结构，寻求教师专业文化的发展方向。

第三阶段是 20 时间 80 年代中叶以来，教师文化发展的纵深阶段。这一时期教师文化的研究发展势头猛进，掀起了提高教师专业化的热潮。国外学者充分认识到教育研究者关注的焦点应该转移到教师的价值观和职业特点上来。这一时期的主要代表人物是加拿大学者哈格里夫斯和日本学者佐藤学。哈格里夫斯把教师文化划分为个人主义的教师文化、巴尔干化的教师文化、自然合作性的教师文化和人为合作性的教师文化四种类型。佐藤学对教师文化的概念进行了界定，他认为教师文化是教师特有的规范式职业文化，是指教师的专业知识与技能，职业意识与自我意识、规范意识等等。

2. 国内教师文化研究概述

我国对于教师文化研究起步较晚，随着国外教师文化理论不断引入，国内学术界也开始关注教师文化问题。随着教育改革的深入，国内学术界开始在引进国外理论的基础上研究教师文化问题。国内学术界对教师文化研究给予了高度关注，研究成果颇丰。纵览我国教师文化研究，迄今为止，大体经历了如下三个阶段。

（1）初步探索阶段（20 世纪 80 年代末到 90 年代）

这个阶段的研究特征是吸纳、借鉴与摸索、研究并行。人们在引进与借鉴国外教师文化研究成果的基础上，同时思考国内教师文化的现状。从 20 世纪末期开始，美国著名的课堂研究专家古德和布罗菲的《透视课堂》、菲利普·杰克逊的《课堂生活》、斯蒂格勒的《教学的差异》等论著陆续进入中国。这使我们对国外教师文化研究的概况有了初步了解。在此基础上，我国学者在教师文化研究领域开始了自己的研究。如葛金国、石中英等以教师文化和校园文化关系展开讨论，认为教师文化是校园文化的主导力量和灵魂（1990，1991）；郭孝文、吴玲等还以学校道德环境、师生人际关系等为主题对校园文化包括教师文化特点进行了讨论，认为学校人际关系的核心是师生交往（1991，1992）；吴永军从社会学角度对课堂教学中的教师文化与学生文化进行了探讨（1997）；凌小云以教师道德发展为主题，对教师文化的重要性进行分析思考（1998）。

（2）深入发展阶段（2000 年到 2004 年）

在这个阶段，教师文化研究取得了相当大的发展和繁荣，一方面，从事教师文化研究的人员越来越多，从中小学教师到广大的研究人员，研究内容也从大学教师文化研究到中小学教师文化研究，同时，教师文化研究的方法也逐渐开拓，从定性研究逐渐发展到定性研究与定量研究的结合。如王建明就教师文化的人际交往、教师文化的作用与意义以及提高教师文化素质的路径进行了探讨（2000）；王兴华对国外教师文化素质进行了比较分析（2000）。

（3）理性反思阶段（2004 年后）

随着新课改的不断推行，我国学者对教师文化进行了多方面的创造性分析，从而为深化教师文化研究奠定坚实的基础。如马玉宾、熊梅认为合作文化是新课程改革背景下教师文化发展的最佳选择（2007）；2007 年葛金国、吴玲、周元宽编著《课程改革与学校文化重建》，以专章讨论了“教师群体文化的特性与使命”等。

纵观已有的关于教师文化方面的研究，不难发现教师文化自从 20 世纪 30 年代以来逐渐受到世界范围内的关注与重视，而我国关于教师文化的研究起步较晚，但是，随着我国教育学研究水平的提升和教育改革的宏观背景，教师文化研究日益在我国发展起来，并且取得了相当的成就。国内学术界对于教师文化建设途径的研究虽然成果颇丰，但主要是从学校组织层面进行研究，或从理论层面和实践层面分别进行，或侧重于教师文化内涵的分析，或侧重于一些经验的总结，较少对教师文化进行全面、系统、深入的理论研究。特别是从教师的教育理念、教学行为、人际关系层面进行剖析研究相对较少，即使从学校组织层面的研究也是宏观分析的多，微观深入探索的少，结合高校教师文化研究的多，结合教师文化建设实践研究的少。

3. 小学教师文化研究现状

我国学者关于小学教师文化的研究，主要是从以下几个角度进行的：

有学者以乡村或农村小学为背景对小学教师文化的构建进行研究；有学者探讨在新课改背景下的小学教师文化及小学教师文化构建；有的对乡村小学教师合作文化的缺失与构建进行阐述；还有研究农村中小学校的教师文化反思与重建；也有很多学者对小学教师文化做现状调查研究；还有学者从校园文化角度初探提升教师学习文化建设策略解析；学者张颖对中小学教师文化现状进行初探。此外，还有学者基于“学习型组织”理念对教师文化构建策略进行研究。

综上所述，我国学者对于小学教师文化的研究，大多以乡村或农村为背景，一般把中小学作为一个整体进行研究，且大都是实证研究，为本人的论文写作提供了一定的借鉴意义。但是纵观小学教师文化的研究，其研究的方向及类型也不是特别的多，同时也说明了我国对于小学教师文化的研究并没有非常的重视。本文是在借鉴前人研究的基础上，对教师文化建设赋予可操作性的意义，通过观察与访谈相结合的研究方法，在收集调查资料的基础上，分析小学教师文化建设存在的不足和欠缺，并针对这些问题提出策略。

4. 教师文化的结构

陈家顺在《农村小学教师文化的问题研究》中提出教师文化包括教师行为文化、教师物质文化、教师制度文化和教师观念文化。教师文化既包括内隐教师文化，也包括外显教师文化。内隐教师文化是以教师的精神世界为依托的各种文化现象，如教师观念文化；外显教师文化指具有明确的形态和模式，如教师行为文化、教师物质文化、教师制度文化。教师行为文化包括教师的课堂教学行为、教师的课堂纪律管理行为、教师的教学教研行为和教师的合作行为。教师物质文化包括宣传标语、教学时间和教学空间等。教师制度文化以有高度、有温度、有深度的教师为取向，分析备课、上课等制度。[①] 教师观念文化对中观的教师观念文化进行重点分析，重点分析学生观、教师观、课程观、教学观、评价观和合作观。[②]

陈昭明在《当代中小学教师文化研究》中提出按中小学教师文化的结构层次把当代中小学教师文化分为表层中小学教师文化、中层教师文化和深层教师文化。表层中小学教师文化，也称显性文化或物质文化不同中小学校的地理位置、教学环境、教学设施、师资水平、生源质量、办学条件、管理水平等方面都存在差异，从而在显性层面形成了不同程度的中小学教师物质文化。中层中小学教师文化，亦称制度文化，是指有关中小学教师的规章制度、教师之间的人际交往方式以及行为习惯。中小学校关于教师的师德规范、教学要求、业务进修制度、考核制度、奖惩制度、各种典礼仪式以及教师的服饰举止等均属于中层文化范畴。深层中小学教师文化，亦称精神文化。它反映的是中小学教师行为中所蕴涵的深层次的价值观念、思维方式、道德风尚等，体现的是教师的整体精神面貌和生活态度。广大中小学教师群体在长期的教育教学实践中形成了有一定共识的教育教学价值观、思维方式和人格特征。教师的精神状态、气质、职业道德、教育教学观念无不是深层教师文化的外化表现。[③]

王中华在《个性化教学背景下教师文化个案研究》中从主观和客观两方面提出教师文化，主观包括教师观念文化和教师行为文化，客观方面包括教师制度文化和教师物质文化，进一步认为教师文化的结构，主要包括

① 李中国等著．科学磨课设计与实践 [M]，科学出版社，2017：1-6.

② 陈家顺．农村小学教师文化的问题研究 [D]. 广西师范大学，2016.

③ 陈昭明．当代中小学教师文化研究 [D]. 东北师范大学，2005.

教师观念文化、教师制度文化、教师行为文化和教师物质文化。教师行为文化分为尊重学生差异和个性的行为、教师的课堂组织行为、教师的教学指导行为、教师的合作行为、教师的教学评价行为、教师的学习行为。教学制度文化中表层制度文化分为教师的教学传统、教学习惯、教学经验与教师知识积累形成的制度文化；教师制度文化的实施层面核心制度文化，主要包括学校规章制度、课堂教学规范、中小学教师职业道德规范、教学设备制度。根据表现不同，将教师物质文化划分为教学基础设施文化和教师自然人文环境文化；根据存在状态的不同，笔者将教师物质文化划分为时间文化和空间文化。①

蒋冠裙在《学习型学校的教师文化建设》中把学校教师文化按其结构层次分为三个方面。一是显性文化或物质文化。一般而言，学校优美的教学环境、独特的教学建筑、先进完善的教学科研设施以及别致的教师雕塑或挂像，对丰富教师物质文化即表层教师文化功不可没。二是制度文化，是指教师的规章制度、教师之间的人际交往方式以及行为习惯。完善严格的制度与管理方法是促进教师积极进取的动力和保障，是教师制度文化的重要组成部分。三是精神文化，它是教师文化的核心和灵魂所在，它反映的是教师行为中蕴含的深层次的价值观念、思维方式、道德风尚等，体现的是教师的整体精神面貌和生活态度。②

综上所述，教师文化由教师物质文化、教师行为文化、教师制度文化和教师观念文化四方面构成。教师物质文化表现在学校环境、教学时间、教学空间、教学氛围；教师行为文化表现在课堂教学行为、教学研究行为、合作行为、课堂纪律管理行为；教师观念文化表现在教学观、评价观、师生观、课程观；教师制度文化表现在备课要求制度、上课制度、教

① 王中华．个性化教学背景下教师文化个案研究 [D]. 东北师范大学，2014.

② 蒋冠裙．学习型学校的教师文化建设 [D]. 南京师范大学，2007.

师评价制度。

5. 教师文化的构建

丁晓龙在《近年来我国教师文化研究综述》中提出教师文化构建是指“对教师文化的架构和建设，具体而言，就是指以教师的文化人格为基础，以教师专业发展为目标，引领教师主动确立正确的教育教学观念、价值追求和行为方式，主动谋求教师行为与学校管理制度的和谐；培养教师敬业、合作、钻研、创新的精神，从而不断加强自身的道德素质和师德修养，促进和深化整个学校的文化建设。[①]

综合对教师文化结构的分析，主要从教师物质文化建设、教师制度文化建设、教师观念文化建设、教师行为文化建设四个方面对教师文化进行建设。

（三）理论基础

内外因辩证关系原理和马斯洛需求层次理论是本研究的理论基础。

1. 内外因辩证关系原理

内外因辩证关系原理是马克思主义哲学的重要内容，在唯物辩证法中，事物的发展是内外因共同起作用的结果，内因是事物发展的根据，它是第一位的，决定着事物发展的基本趋向；外因是事物发展的外部条件，它是第二位的，对事物的发展起着延缓或加速的作用外因必须通过内因而起作用。[②] 因此，当对教师文化问题进行分析和研究时，应当从教师内外因的角度找出教师文化问题出现的原因，然后再提出解决教师文化问题的对策。

2. 需求层次理论

马斯洛需求层次理论把需求分成生理需求、安全需求、社交需求、尊

① 丁晓龙．新课程背景下的教师文化构建研究 [D]. 上海师范大学，2007.

② 周锦文，周淑兰．巧谈内外因思想及其渊源 [J]. 杭州大学学报学报，1984，12.

重需求和自我实现需求五个层次，依次由较低层次到较高层次。其中“自我实现的需要”是最高层次的需要，它是指实现个人理想、抱负，发挥个人的能力到最大程度，完成与自己的能力相称的一切事情的需要。也就是说，人必须干称职的工作，这样才会使他们感到最大的快乐。马斯洛提出，为满足自我实现需要所采取的途径是因人而异的。自我实现的需要是在努力实现自己的潜力，使自己越来越成为自己所期望的人物。学校的教师文化建设应以“自我实现的需要”层次为基础，这也是教师职业生涯高层次的精神需求。

二、小学教师文化建设存在问题的成因分析

（一）应试教育的体制

中国的应试教育以考试升学为目标，不太重视学生德、智、体、美、劳的全面发展，而十分重视学生智的培养，把学生的考试成绩作为评价学生优劣、教师优劣、学校优劣的第一标准。以追求升学为唯一目标的应试教育体制。在这种体制下，教育就是如何高效地向学生灌输考试所需的知识，使学生快速地掌握大量的真理性知识和识记标准答案。教师心无旁骛，充当客观知识的传话筒，学生是等待灌输知识的容器。什么学生的生命成长、素质的全面提高、主体的自我发展，教师是一概顾不上的，分数才是硬道理。应试教育下助长了农村教师这种封闭、权威、功利甚至是不人道的教师文化。

（二）量化的考核评价机制

现在学校都实行量化考核制度，教师各项行为都规定了标准和量化得分。这种考核又是以教学成绩为主的，教学成绩也主要是学生考试成绩，而学生考试也以对教材知识的识记为主。教师被套在了套子中，教师的行为具有很大的机械性，为了实际利益和做人的面子就必须被这些成文的和

不成文的规则牵着走。为了提高知识灌输的效率，实行片面的和非人道的教育教学实践，在这种制度氛围和实践活动中，教师文化也失去了它应有的灵性。

（三）制度执行不严及监管不到位

制度是指要求人们必须共同遵守的办事规程与行动准则，它具有指导、规范和约束人们行为的作用。但是，一个好的制度要是在现实中没有得到严格执行以及必要的监管，那么，这个制度所发挥的作用就会大打折扣，达不到制定制度的预期目标。《教师评价制度》要求教师要全面了解、研究、评价学生。但是，在现实中，很多数学教师往往不是按照评价制度中的要求对学生进行全面评价，往往只是评价学生的考试成绩。《教学教研制度》对数学教师提出了不少要求规定，但是，有些要求规定在现实中的落实情况往往不是那么理想。学校的规章制度存在一定的问题，没有得到全体教师的认可。此外，缺少比较明确的奖励机制，对于缺少内部动机的教师来说，奖励机制是非常有效的外部诱因，促进教师的自身素质及教学等方面的提高。

（四）管理者的支持力度不够

管理层的支持是成功建设学习型组织的根本原因，而在教师文化的建设中，文化建设是一个长期而复杂的任务，很难在短时间内看到成效。有时管理层能意识到教师文化建设的重要性，但是由于长期性而搁置。校领导是学校的管理者，教师开展的各项活动需要领导的支持，如果没有领导的支持，很多活动就无法开展，甚至开展了也很难达到预期效果。教学教研活动是一种科研活动，需要学校提供必要的资金支持。

三、小学教师文化的内容

小学教师文化是一种开放的文化，它必然要面对各种社会价值观念、知识体系、道德标准、行为模式进行批判地继承、有选择地吸收，从而形成自己的专业文化体系。小学教育专业除了与其他专业有着共同的文化选择趋向之外，还应把小学教师文化作为自己主要的选择方向。那么，小学教育专业文化主要应选择小学教师哪些文化内容呢？

1. 高尚的师德和优秀的职业精神

高尚的师德是教师树立良好形象的基本条件。塑灵魂还需灵魂美，正品德更需品德高。所以，一名合格教师首先要具有高尚的思想品质。教师的爱心是树立形象的首要条件。教师的工作是教书育人，为使学生健康成长，教师必须动之以情、晓之以理，满腔热忱地关心爱护学生。教师只有对教育工作具有高度的责任感、义务感，处处关心、体贴、爱护学生，才能赢得学生的拥护和爱戴。同时，优秀的职业精神是教师专业发展的支柱，也是教师文化的一个表现。无私的奉献精神、高度的责任感和使命感、满腔的爱心与童心、高涨的工作热情等等都是教师优秀职业精神的突出表现。

2. 坚定的教育信念和良好的专业情意

坚定的教育信念是教师专业持久发展的动力源泉，教师的教育信念包括关于良好的学习信念、教育教学的信念、学科的信念、自我教学提高的信念等。良好的专业情意是教师健康履行教师职务的重要保证，良好的专业情意包括专业理想、专业情操、专业性向、专业自我等。①

3. 坚实的跨文化素质和积极的合作意识

在教师职业生涯中交流与合作永远是工作的主旋律，而受地缘、族缘、亲缘和业缘文化的影响，教师间存在着较为突出的文化差异，这种差异的存在影响着教育教学行为和专业研修活动的开展。这就需要每一位教师拥有相互解读与理解、共同建构趋同性亚文化的能力，以达到紧密合

① 李中国，黎兴成．教师教育学科的建设逻辑 [J]. 教育科学，2018（6）.

作、共同发展的目的。

4. 追求卓越的态度和不断创新的精神

卓越不是一个标准，而是一种境界。卓越是一种追求，它在于将自身的优势、能力，以及所能使用的资源，发挥到极致的一种状态。追求卓越的态度可以引领教师在教育教学工作中更加精益求精、专业发展更加积极刻苦，以促进教师知识更加广博、能力更加全面、教学技艺更加完美。在此基础上，优秀的小学教师还要拥有不断创新的精神，通过教师创造性教育来培养学生创新的意识和创新的能力，通过创造性教育来形成自己独到的教学风格和创造性地解决教育教学实践问题，最终形成自己适应教育发展趋势的教育理念和教育经验。

四、小学教师文化的构建与实施

1. 建设引领学生专业发展的精神文化

学院乃至专业积极适应小学教师文化和学生的成长诉求，把小学教师精神文化的核心价值取向凝炼成学院的院训和师范精神，提出了“正己爱生、为人师表”的院训和“爱、责任、奉献”的师范精神。院训和师范精神较好地诠释了教师的师德、职业精神、坚定的教育信念和专业情意，把它作为小学教育专业的核心价值追求。通过新生晚会、入学教育、职业生涯规划教育等一系列思想教育活动，让全体学生理解专业精神文化与小学教师文化，与小教人现实生活的关系，使每一位小教人充分认识专业精神对自己现实生活，对自己未来生活的意义，形成较强的归属感和认同感。进而从培养自己的爱心和童心做起，培养责任感、使命感和无私奉献精神，以顺利适应未来主流社会，顺利适应教育事业发展。同时，树立“师范教育一家人”、“小学教育一家人”思想，使每一位小教人都要牢记小教大家庭的价值追求，维护大家庭的利益，促进大家庭的发展。努力使每一位同学自觉形成“今天我成为小教人，我就要为小教专业代言的责任感和使命感”。在思想教育过程中，努力使小教人把无私奉献放在首位，把索取放到次要位置。这样的顶层设计，就把专业精神文化与小学教师文化联系起来，把专业精神文化建设与师范生的现实生活联系起来，使师范生深切感受到专业培养要求与自己的现实生活联系紧密，对于自己是很有意义的事情，从而更加积极、主动、热情地投身到专业养成之中。

2. 建设促进学生追求卓越的活动文化

活动是承载专业文化的重要载体，也是联系学生现实生活的重要纽带，学院和专业都高度重视并加以运用。首先，把分散在四年内开展的各类活动整合起来，分成文化通识类、文体类、学科类、教师教育类、社会公益类和创新创业类等六大类，直指通识教育、专业情意教育、专业知识教育、专业能力培养等 4 大方面。如新生晚会、毕业生晚会既是学生教师基本职业技能的展示，同时也是专业思想教育的集中表现，尤其是晚会主题（筑梦师范、成就梦想）、师范生宣誓、准教师宣誓节目把专业思想教育推向了高潮，使每一位小教人受到了震撼，接受了一次又一次专业思想的洗礼；我的教师梦主题演讲比赛，挑战金钟教育知识竞赛、辩论赛则激发了学生的学习兴趣，促进了专业知识的成长；语言文字基本功大赛、课堂教学比赛、教师职业技能汇报演出等一系列活动有力地促进了教育教学能力的提升；大学生创新课题、互联网 + 竞赛、教育观察社团、学术论文评审、学术报告会等，提升了学生的创新创业水平。其次，各类实践活动以学生为主体进行集体合作设计与实践。如新生晚会、毕业生晚会、各类竞赛、教师职业技能汇报演出等一系列活动都由学生为主体进行设计与实施。特别是毕业生晚会，学生不仅事先采访应届毕业生、任课老师谈学生变化，还事先采访家长谈孩子的成长，甚至还邀请家长到现场或以现场连线的方式请家长谈想法。此举产生了预想不到的良好效果，不仅毕业生和老师的感情得到升华，而且在校生的思想感情也产生了深刻的变化。第三，给每一位学生以及各项实践活动安排指导教师。小学教育专业每一名学生在大学学习的第一学期里都有自己学习生活的导师，他们在学习生活里的困惑可以随时与导师沟通交流。甚至同学们的课外实践活动，学院或专业也给学生配备了相应的顾问，使同学们在有引领的环境中得到迅速成长。第四，课外实践活动贯穿大学四年始终。学生从第一学期开始，就在导师的指导下有目的地深入小学教育一线，开展教育观察、教育调查、专题探究、教学见习、教学实习活动等，使同学们始终能够理论联系实际地开展学习并培养兴趣。

3. 建设利于学生专业成长的行为文化

行为文化是精神文化的重要表现形式，也是对学生产生直接影响的文化。在教师行为文化方面：首先，要求关注每一位同学，关注每一个教育教学环节；其次，上课与下课要统一问好和告别，课间要与学生交流 5 分钟；第三，要向学生交待提问、讨论、交作业和微信交流的礼节；第四，课上鼓励学生讨论、提问、质疑，鼓励学生合作学习与实践；第五，课下与学生见面要相互问候，要关心学生的生活；第六，要自觉形成积极的学习文化，做同学们的表率。在管理行为方面：首先，要像对待自己孩子一样关心每一个孩子的成长；其次，引导学生逐步做到自我管理；第三，客观分析学生存在的问题，引导学生做好成长规划。学生行为文化方面：首先，鼓励学生自主学习、合作学习、探究学习；其次，鼓励学生积极参加第二课堂活动，在实践中磨砺自己；第三，强调学生在交往活动中讲诚信、讲礼貌，学会处理人际关系；第四，在娱乐活动中要张驰有度，严格自律，起模范带头作用。

4. 建设熏陶学生专业成长的物质文化

专业及时固化各项建设成果，并使其发挥潜移默化的作用。首先，打造专业文化墙，使同学们真正感受到小学教育专业“家”的文化氛围和增添自豪感。在专业文化墙里，我们既看到专业培养目标、培养过程、教育资源与环境，也可以看到师资队伍信息，更可以看到小学教育名人。小学教育名人是由一位位在校的或已经毕业的小学教育专业学生组成，他们会因为在某一方面突出的表现而被评为小教名人。其次，印制课内外专业养成手册，使同学们及早知道专业养成的过程与途径以及实践效果；第三，建设专业荣誉墙，使每一名同学都由然产生自豪感和使命感。

六、小学教师文化建设策略

（一）教师内因层面

1. 转变教学行为，融洽师生关系

师生之间关系是学校教师文化的直接反映。在具体的教学过程中，师生关系应体现一种和谐的人际关系，相互理解，相互尊重与合作。新课程提倡，教学是教与学的互动与交往，师生双方相互沟通、相互交流、相互补充、相互启发。这种交往以双方互为主体，交往双方既是相互认识的对象，又是彼此关系的创造者，在交往中双方都接纳对方。因此，新课程改革要求教师要转变教学行为，建立新型师生关系。要构建新型的师生关系我们要利用文化整合的观念来帮助建立新型的师生关系。首先，师生在思想意识或观念上要相互认同，只有在观念上达到统一或共识，在具体的交往过程中才能进行合作，最终达到和谐的境界。同时，只有师生之间在情感上的相互沟通才能达成理解，只有通过相互理解，才会形成师生之间的互动与合作。为了获得积极的师生关系，就必须强调注重自我评价，师生间要进行批评性反思，当教师和学生能够对自己的行为进行批评反思时，就会消除隔阂，彼此加深理解。通过这种智慧又理性的方式形成的师生关系，就相对稳固，对教师和学生的关系的健康发展极为有利。所以说，民主、和谐的新型师生关系，不仅能促进学生得以健康成长，而且能促进教师知识上的丰富和精神上的升华。

2. 不断学习，增强自身学习力

在学习型社会中，在师范院校所学的知识并不足以支撑整个教育活动。同时，教师作为学生中一个示范者的形象和榜样的形象，更应该通过不断地学习来支撑完善其角色转换。在新课程改革中，教师也是学生学习和发展的引领者，只有不断学习才能跟上时代前进的步伐，教师的不断学习对自身、学校乃至整个社会都有非常重要的意义。教师在不断学习、充电的同时，不会被社会所淘汰，也为学校带来一种新的风气，教师在不断学习先进的教育理念与实践的同时，也用新的理念指导学生的实践，培养出社会所需要的高端人才。教师应当加强教学实践创新，要以问题引导学生，紧紧抓住学生的思维，以培养学生的思维能力为基础，调动学生的积极性和主动性，强化多渠道学习，通过学术讲座、沙龙、论坛等方式，在互动交流中提升教研能力和水平。①

3. 提高教师的自主意识

教师自主意识要求教师要有个体意识和独立意识，能够让教师表现自我与实现自我。部分教师的个体意识和独立意识不足，与同事的交往过于频繁，没有保持自我的独立空间，容易出现从众的现象。为了改变这一现象，教师要提高自主意识，保持个体意识和独立意识，教师也有表现自我实现自我的需要，教师要有专业发展自主意识，对自己专业发展的历史要有总结意识，对自己当前专业发展的状态和水平要有评估意识，对自己将来专业发展的蓝图有规划意识。教师要提高自主意识，不断地进行自我反

① 李中国等著 . 科学磨课设计与实践 [M]，科学出版社，2017：90-96.

思及自主学习，主动实施自己规划的蓝图，从而实现专业发展上的自我更新与超越。

（二）教师外因层面

1. 健全合理的制度文化

实施发展性教师评价模式。教师评价制度作为学校管理的一种手段，具有很强的导向功能和激励功能。传统教师评价是以应试教育为中心的、竞争性的评价机制，“学生的考试成绩和升学率成为评价教师教学优劣的一个极为重要的甚至是全部的指标。”“教师必须千方百计地提高学生成绩，不如此便难以得到社会、家长和领导的认同，自己也失去了职业升迁和进一步发展的机会。”[①] 在这样的情况下，教师当然不愿意合作，生怕自己的经验被别人抢去，加上评比的顾虑，出现了同行是冤家的状况。因此，改变教师合作现状的关键因素是要改变目前的竞争性评价模式，实施发展性教师评价模式。发展性教师评价突出评价的诊断、激励与调控的功能，注重教师的个人价值、伦理价值和专业价值，最终目的是为了促进教师的进步和发展。只有实施发展性教师评价，不单纯以学生的成绩作为评价教师业绩的标准，才能消除教师间的恶性竞争，使教师真实地表达自己，主动地接纳别人，才能建构合作的教师文化。[②]

2. 加强制度执行力度及监管力度

制度是人们共同遵守的办事规程与行动准则，要想制度最大程度地发挥作用，人们就必须严格执行制度的相关规定，同时还需要有人监督制度的执行。B 小学根据学校的实际情况出台了不少制度，但是有些制度规定有关人员没有严格执行，同时制度的监管力度也不够，使得这些制度不能发挥应有的作用。因此，教师要加大执行力度，为了保证制度作用的有效

① 冯生尧，李子健 . 教师文化的表现、成因与意义 [J]. 教育导刊，2004（4）.

② 李洪修 .《课程变革下小学教师合作有效性的个案研究》[D]. 东北师范人学硕士，2005.

发挥，除了要求教师严格执行制度的有关规定，监管部门还要加大监管力度，监督制度的落实情况。

3. 加强物质文化建设

学校物质文化是指学校内看得见、摸得着的物化的文化形态，是学校文化的外壳，奠定着学校文化存在和发展的物质基础；同时，它又是学校文化“内核”（精神文化）的载体，体现着一定的价值观念和教育理念。学校物质环境是学校教育教学活动得以顺利完成的重要条件，也是学校教师文化构建的重要物质基础。具体而言，学校物质文化主要是通过校园建筑、学校标识、校园绿化等方面的创设来体现和发挥以下功能的。标志和激励功能。经过精心设计和安排的学校建筑，必然是一定历史的积淀，是学校教育思想的反映和具体体现。尽管其标志和体现的水平有高低之分、深浅之异，但它们都是以丰富的人类思想和深厚的文化底蕴为依托，它们标志着学校的品质和实力，震撼着全体师生的心灵。此外，学校物质文化是保证和激励学校教学、科研活动顺利完成的首要条件。从表层来看，良好的场地设备提供了科研教学的物质基础；从深层来看，在环境知觉的指导下，人在空间中进行各种活动，物体与人慢慢地发生了密切联系，如一些建筑物（报告厅、实验楼）在人们的感知觉中始终充盈着奋发的精神。求知探索的气氛，于是这种物质本身的价值作为一种文化因素悄悄融入探索知识与真理过程中，在不知不觉中激励教师与学生勤奋学习与工作。

4. 倡导民主平等的师生关系文化

在传统的师生等级关系文化中，师生关系是一种不对等的关系，在课堂教学中，教师的地位往往被无限抬高、处于支配地位，学生的地位被降得很低，处于被支配地位，学生应听教师的话，服从教师的管理。随着素质教育的开展、新课程改革的进行，教育教学领域发生了翻天覆地的变化，传统的师生关系已经无法适应当前教育教学改革的变化，需要倡导民主平等的师生关系文化，建立一种新型的民主平等的师生关系以适应教育教学发展的潮流。

第四节　建构基于临床教育学的班主任培养课程体系

班主任的教育劳动是一种复杂的教育实践活动，笔者认为这种复杂的教育实践活动是一种临床教育学，因为班主任在日常的教育活动中除了需要履行丰富而多元的职责之外，还要面对和处理大量突发性事件和问题。履行职责、处理事件、解决问题，都需要班主任像医生一样具有临床的专业知识和能力，才能够在履职、处理事件和解决问题时具有专业性。班主任的专业性不是自然生长的结果而是需要像临床医生一样通过长期专门的训练方可获得。这对教师的培养提出了新的要求和挑战。因此，基于临床教育学的视角对班主任的课程建设进行深层次的审视和反思已成必然。班主任的教育实践是一种临床教育学的发现，也使得卓越班主任的培养课程找到了新的理论框架和设置依据。

一、建构基于临床教育学班主任培养课程体系的必要性

（一）我国基础教育改革的呼唤

1. 有关班主任制的国家政策的逐步完善

1952 年颁布的《小学暂行规程（草案）》与《中学暂行规程（草案）》明确规定中小学实行班主任制度。《小学暂行规程（草案）》规定："小学各班采取教师责任制，各班设班主任一人，并酌设科任教师。"《中学暂行

规程（草案）》亦规定“中学每班设班主任一人，由校长从各班教员中选聘。”从那时到现在，班主任制已经推行半个多世纪。班主任制对我国基础教育的发展发挥了重要的作用。但是，在班主任制度的运行中也存在很多的问题。一个突出的首要问题是班主任的培养。长期以来，似乎有一种不言自明的推定：凡是老师都能做班主任。因此班主任基本处于自然生长的状态，无论是职前还是职后都缺乏对班主任的专业系统培训。但是，但凡有过班主任工作经历的老师都会有一种深刻的体验就是学科教师和班主任不是同一个知识体系，好的学科教师不一定是会当班主任，但好的班主任一定是好的学科教师。班主任工作的复杂性和艰巨性远超学科教师。

2006年教育部启动实施《全国中小学班主任培训计划》，该计划规定：“从2006年12月起，建立中小学班主任岗位培训制度。今后凡担任中小学班主任的教师，在上岗前或上岗后半年时间内均需接受不少于30学时的专题培训。”这一培训计划的实施，体现了国家层面对班主任培养的重视，也反映出国家层面已经意识到对班主任的培养刻不容缓。但是针对职后的教师在即将担任或刚刚担任班主任时对其实施的救急速成式的培训，只是帮助新手班主任初步了解班主任工作的基本概况，距离专业化的班主任培训还有相当的距离。教师即使参加了这样的培训，许多新入职的教师在进入教育现场后，既要应对教学任务又要面对班主任工作，常常感到力不从心，捉襟见肘。教师们普遍反映，即使参加过岗前培训，但是要真正适应并能应对班级教育和管理，仍需3-5年的学习和历练。

2. 基础教育实践渴求专业、成熟的班主任

当前我国社会正处于转型时期，人们生活方式的改变，价值观多元、人际关系复杂化，技术迭代所引发的各种乱象在教育的场域中也有所表现。首先，家庭环境的差异化存在造成儿童较之十年、二十年前更加复

杂，成长于信息时代的儿童较之以往的儿童“知道的更多，问题也更多”。一位一年级的班主任惊呼：“刚刚入学的儿童就已经不是一张白纸，每个孩子都已经带有深刻的家庭烙印，并用质疑的眼光打量着你。”面对有经历的甚至是“挑剔”的儿童，班主任的教育权威面临挑战。其次，现代的家长对班主任的期待和素质要求更高。不同层次的家长对班主任有不同的教育期待。如果班主任在教育实践中表现出具有专业性的职业素养，班主任更容易获得家长的信任和配合，反之，则可能招致家长的不满甚至投诉。最后，从学校方面看，校长希望新教师不仅能上好课，更能带好班，能理性成熟地解决班级和儿童中出现的问题。学校希望新教师能有班级管理和人际沟通能力，能够建立良好的教育教学秩序，让教育活动能够顺利开展。但是，高等师范教育由于课程的设置问题并不能培养出具有专业临床教育能力的班主任，所培养的教师并不能满足教育实践的需要。

（二）我国师范教育专业课程设置中存在的问题

1. 有关班主任专业化的理论课程的匮乏

高师人才培养目标存在偏差，导致缺乏班主任专业化的理论课程。长期以来我国高师院校的人才培养侧重于培养学科教师，而不是教育者。因此，在课程设置方面，课程结构偏向以专业知识、学科课堂教学为主，作为未来教育者的教育学的理论知识学习和教育实践训练比之专业课程，显得十分匮乏。据笔者了解，许多高师有关教育学的理论知识一般只是开设一个学期的公共教育学课程。一个学期每周三课时的教育学课程，也只能让学生浮光掠影地了解一点教育学的基本概念和基本原理，获得一点皮毛知识，这点些微的知识概念对于学生而言也只是背诵记忆用于获得考试分数和学分。教育学尚且如此，那么作为教育学课程的一个章节的班主任工作，其课时更是少之又少。师范生不可能从几节课便能学到班级教育管理的理论知识，也就不可能建构起自己的教育理念，并形成自己的教育行为模式。有部分高师认识到班主任培养的重要性，开设了一些学校管理或班级管理的选修课，以弥补公共教育学在班主任知识方面的不足，但是这些零星的课程不能形成知识系统，对师范生班主任临床教育能力的形成帮助甚微。

2. 班主任专业化的实践课程的不完善

众所周知，教育实践是师范生获得教育教学能力、提高专业素养、形成教育信念的重要途径，因此，教育实习、教育见习成为师范生培养课程体系中的重要组成部分。从国际上看，许多国家对实践教学越来越重视。以美国为例，20 世纪 80 年代以来，美国一直致力于提升教师教育中实践性教学环节的成效，并通过推行“专业发展学校”（Professional Development Schools，PDS）、“驻校计划”（Urban Teacher Residencies）等教育实习改革项目，力求培养高效教师。从国内的实际情况来看，师范生的教育实习和教育见习以学科教学为主，班主任实习为辅，重视学科教学，忽视班主任教育实践，学科教学实习或见习有一定的规范要求，比如备课上课体现以学生的学习生成为主体的理念。[①] 但是，班主任教育实习缺乏规范，实习或见习的目标不明确，缺乏具体的实习内容和可操作性的实习环节，导致班主任实习被简单地理解为“看自习课”，实习结束以后，师范生对班级教育和管理缺乏亲身体验和感知，依然处于盲目无知的状态。班主任实习指导教师的随机和随意性，导致班主任实习缺乏专业性的指导。师范生在实习中遇到怎样的班主任指导老师是一种随机事件，遇到优秀的班主任指导教师，他或她愿意将自己的临床教育经验分享给实习生，帮助实习生理性地看待遇到的教育问题和教育事件，对师范生以后的班主任工作会有很大的帮助。反之，如果遇到充满负能量的指导教师，他们秉持不良的教育理念和教育行为，以简单粗暴的方式处理问题和对待学

① 李中国等著．科学磨课设计与实践 [M]，科学出版社，2017：45.

生，却有所谓的立竿见影的教育效果，这样的错误示范，让师范生不仅不能学到班级教育管理的经验，甚至可能会让师范生对曾经学到的教育信念产生质疑，并对其教育行为产生不良的影响。

二、基于临床教育学的班主任培养课程体系的思考

（一）班主任的教育实践是一种临床教育学

“临床教育学”思想最早是由荷兰现象学家与教育学家兰格威尔德（M.J.Langeveld）提出的，后来在美国和日本教育界获得较快的发展。1988年，日本京都大学研究生院设立“临床教育学”专业，标志着这门学科在日本得到正式承认。日本学者在临床教育学理论方面的贡献有两方面，其一，认为临床教育学是以教育病理为研究焦点，以现代社会中的儿童和青年为研究对象，以预防和解决现实中教育病理问题为意图，是作为专门援助青少年和青年的一门应用科学被建构起来的，它注重研究教育病理的发病原因、教育病理的性质诊断，挖掘潜在的教育病理苗头，针对教育病理采取综合有效的预防及矫治策略。其二，日本学者泽田稔将临床教育学设定了三个基轴，它们构成了彼此独立的三维空间，一是“现场性”、“实践性”之轴，二是“病理性”、“问题性”之轴，三是“发现性”、“批评性”之轴，这三轴的分析，集中体现了“临床教育学”研究的基本性格及其特色。日本的研究关注的是临床教育学本体论问题和临床教育学的研究范畴。美国关注于培养教师具有临床实践的能力，美国提出培养“临床实践型教师”的教育培养模式，其目标是为候选教师提供各种实践机会，候选教师在有经验的临床专家指导下学习学术性知识的同时，发展自己的实践性知识，并参照新知识的要求以及学生的学习状况，不断完善实践性知识，把所学知识和教学实践结合起来。其课程由学术人员、教师教育人员和学校人员合作开发，并与螺旋式理论课程、实验室经验和驻校经验进

行整合。

临床教育学为认识班主任的工作本质提供了一种理论视野和分析框架。班主任在教育场域中日常的工作就是要面对和处理各种事件和问题，班主任面对事件和问题时要有自己的态度，倾听事件当事人的陈述，询问了解一些遗漏的信息，分析判断、探寻引发事件或问题的原因，并给出解决的方案。这一系列的思维和行为就如同医生给病人诊病。针对人们对临床教育学的定义尚莫衷一是，因此，笔者参考法国社会学家米歇尔·福柯《临床医学的诞生》中的论述，试图给临床教育学下一个定义，笔者以为所谓的临床教育学是指在学校场域中教育者运用其哲学知识并结合个体教育历史经验对所遭遇到的教育事件和教育问题通过教育的望闻问切等教育技能手段处理、解决教育事件和问题的一种学问。班主任的教育实践在本质上就是一种临床教育学，那么，高师所要培养的班主任就应该是临床实践型教师，这样的班主任才能适应当下教育实践的需要。

（二）基于临床教育学知识结构的班主任培养课程体系的建构

由上述临床教育学的定义可知临床教育学的知识结构包含三个方面的内容，一是形而上的抽象理论知识，这种知识是显性的客观知识，“用概念、命题、公式、图形等加以陈述的知识”。[①] 这种知识从大量个别事物中抽象出共同性要素，并建立概念乃至结构，从而赋予它确定的形态，为的是统合无数个别事物的差异性。抽象理论知识给人类提供了认识论和价值观。二是形而下的个体经验型知识，即波兰尼（Polanyi. M.）所指称的缄默知识，是人类知识总体中无法言传或不清楚的知识。这种知识是个体在实践中自主建构和生成的，是动态性知识。三是操作性技能知识，这类知识属于程序性、规范性知识，需要通过反复练习方能获得。

① 石中英．波兰尼的知识理论及其教育意义 [J]. 华东师范大学学报（教育科学版），2001（6）：36-45

建基于临床教育学知识结构的班主任课程体系应体现博与专的结合。具体而言，班主任应该具有坚实的相关基础知识，同时也需要丰富个体教育经验，训练教育技能。在班主任的课程设置方面的思路是：第一阶段为师范生设置一系列泛专业化的基础课程，比如教育哲学、伦理学、社会学、心理学、管理学、卫生学、教育史、艺术与美学等等，这些课程的设置目的是让学生形成正确的价值观，了解人类的一般规律，形成一定的理论素养。第二阶段设置一些相关的专业课程，比如教师行为学、儿童心理学、人格心理学、班级教育管理等等，帮助学生更深入地认识和理解自己未来的职业角色、儿童的年龄特点、发展规律；班级的本质与班级的组织管理。第三个阶段设置实践性课程，让师范生学习和训练班主任“望闻问切”的技能。“望”指的是观察。怎样观察儿童的言行举止，儿童呈现的言行举止传递出或蕴含着哪些需要班主任解读的儿童密码。“闻”指的是倾听。班主任在教育现场中或事件发生时、发生后如何听学生之间的对话、学生对于事件的叙述，班主任如何听到、听懂儿童语言的深层含义，并提取出有教育价值的信息。“问”指的是提问。班主任通过观察到的现象，听到的话语，再通过提问弥补被掩盖或遗漏的信息，使班主任对事件的全貌和过程有比较清晰的了解。“闻”“问”的过程就是班主任与学生平等对话的过程。“切”是指在望闻问的基础上给出判断，并提出解决问题的方案和策略。实践性课程应该从师范生进入大学后，有计划地、由浅入深、循序渐进地展开。

三、基于临床教育学班主任培养课程体系的建议

（一）制定统一的班主任临床教育培养标准

“标准是人们在社会交往中为了克服行为的盲目性、减少交往冲突、提高工作效率和统筹行为结果而建立起来的用于约束和区分个人或组织行

为的规范体系。"[①] 制定统一的班主任临床教育培养标准的目的是使各高师院校在班主任培养时拥有参照准则，合理地设置课程，提高班主任的培养质量。当前我国由于各高师院校在班主任专业方向课程设置上的严重不足，影响了师范生有关班级管理与班级教育等相关知识和班主任临床教育实践能力的获得，从而导致职前的准班主任与在职班主任的临床教育素养不能满足基础教育改革和发展的需要。班主任的专业化发展需要制定出统一的、具有科学性的培养标准。因此，需要组织班主任方面的研究者和一线班主任等力量，研究基于临床教育学的班主任教育实践所需的知识理论体系、班主任的核心素养、班主任的临床教育能力结构等，形成一个有中国特色的班主任教师专业发展的培养标准，为各高师在班主任专业化培养方面开设相关课程提供方向和依据，也为新任班主任培养和在职培训提供课程指南。班主任临床教育培养标准应包含两个方面的内容，一是理论知识，侧重于班主任的内在专业素质结构、职业专门化规范和班主任角色意识的养成与完善；二是临床教育技能，班主任面对教育事件和学生问题时"望闻问切"以及沟通协调的技能。

（二）通过案例教学使师范生感知体验班主任的教育生活，获得临床教育智慧

案例教学是一种通过模拟或者重现现实生活中的一些场景，让学生把自己纳入案例现场或情境之中，通过讨论进行学习的一种开放式、互动式的教学方法。目前主要用在管理学、法学等学科和临床医学的教学中。教学中通过分析、比较、研究各种各样成功和失败的案例，从中抽象出某些一般性的结论或原理，让学生可以通过自己的思考或者他人的思考来拓宽自己的视野，从而丰富自己的知识。案例教学的目的不是传授知识，而是让学生成为参与者，唤起潜藏在学生身上的实践经验和能力，通过对案

① 赵红利 . 美国教师专业发展国家标准研究 [D]. 首都师范大学硕士学位论文 2003 P17

例的分析讨论，对同一问题的不同态度、观点和解决策略的相互交锋和碰撞，激发起学生的创造性思维，培养学生倾听能力、判断能力、分析能力、协调能力、表达能力和解决问题的临床实践能力。

当前我国师范生接受的教师教育，依然采用封闭保守的教学方式，在课堂上教师是知识的输出者，强调教师对课堂的控制，无视学生的需要，教育理论满堂灌，师范生被动地接受知识，死记硬背抽象的概念、定义。师范生生吞活剥下许多被怀特海称之为“无活力概念”的教育学知识，却并不能适应中小学教育。用这样的方式培养的师范生在进入教育场域后会有巨大的挫败感，同时他们感觉所学的教育理论在实践中毫无用处。究其原因是教育理论与实践智慧之间需要转化和过渡。只有理论的教授，没有实际案例的分析，学生无法将理论转化为思维方式和行为习惯，而产生理论与实践两张皮的现象。案例教学可以实现将形而上的教育理论与形而下的教育行为之间建立联系，让学生通过对案例所呈现的表象的研究和分析发现隐藏在现象背后的思想意识、价值观念和行为逻辑。

将案例教学引入高师的班主任培养中，可以让师范生在职前对班主任的教育生活有感性的认知和体验，学生在案例教学中可以通过班主任身份的代入，从班主任的立场理解教育、理解儿童、解读事件。譬如关于儿童犯错要不要惩罚？如何惩罚？惩罚如何具有教育性？由谁来惩罚？再比如儿童的话语，班主任都能听懂吗？哪些话语是可以被忽略的，哪些话语是应该被班主任听到的。教师通过案例将问题抛给学生，让学生去寻找解决的方案，有时一个问题可能有多种解决方案，哪一种是最合适的，哪一种是有效率却伤害了儿童的，应该如何选择。这种讨论在寻找答案的同时，还会把学生没有意识到的内在教育理念牵引出来，方便老师及时发现不良的观念，并及时纠正。案例教学在理论与实践之间架起桥梁，让师范生能理解理论与实践的密切关系，在研讨案例的过程中学会用理论之眼审视分析实践，形成初步的临床教育智慧。

（三）建立“附属医院”式的，“U—S”协作的班主任实训教育基地

要培养高素质的具有临床教育能力的班主任教师，在大学里，一方面要让师范生学习一些理论知识，夯实和丰满其知识结构，另一方面，要为师范生提供大量的教育实践机会。临床教育学要求未来的班主任教师应具备解决日后实际工作中所遇到的各种问题的能力。要将班主任教师培养成为有真知灼见的专业教育者和在教育教学实践中善于处理实际问题的“临床专家”的最好方式就是建立像“附属医院式”的，“U—S”协作的班主任实训教育基地。陶行知先生认为师范生要“变”，才能成为教师。这种从学生到教师的转变需要经历大量的教育实践才能完成。建立实训教育基地的意义在于：首先，师范生能够尽早进入真实的教育情境、充分地接触基础教育中的班级，感知体验班级教育管理的过程、班主任的工作内容、范畴和班主任的教育生活状态，对班级的组织形式、班级活动、班级的文化建设、儿童各个阶段的发展特点等有基本的感性认知。其次，形成班主任的职业角色意识。师范生通过观察性学习，能够体认到优秀的班主任之于儿童成长和发展的重要意义，以及体会到做班主任的职业幸福感来自何处，认同班主任的职业角色，并与角色产生同一性和认同感。最后，可以培养师范生的临床教育能力。“纸上得来终觉浅，觉知此事要躬行”，班主任的教育临床经验或者说班主任的个体性知识需要在教育实践的摸爬滚打中自己建构起来。为师范生提供上手实践的机会，让他们运用“望闻问切”的方法处理一些问题，并使他们在观察、思考、质疑、假设、分析、沟通交流、推理、想象、评价的过程中获得专业成长。这样师范生在实践中练习课堂中学到的技能，又在实际操作中验证课堂上学到的理论，自己摸索教育的规律，找寻适切的方法，生成属于自己的临床教育智慧和能

力。

“U—S”协作的班主任实训教育基地也是一种实践课程。这种实践课程的特点主要有：一是双导师指导，像医学院的实习一样，师范生的教育实践应该在大学教师和一线优秀班主任的指导下进行，大学指导教师侧重于理论的指导，一线班主任负责教育技能的操作性指导和榜样示范。师范生在与双导师的互动交流和指导下学会反思自己的教育观念和行为，掌握教育临床处理问题的一般程序和基本策略。二是规范性。建立班主任培养的实训基地，可以规范班主任的实习内容，操作规范、实习时间的连续性。可以有计划、分步骤让师范生逐步的、由浅入深地参与到真实的班主任教育生活中，从而逐渐形成自己的教育临床经验和智慧。

第五节　教师教育“实践取向”的理论前提

传统师范教育脱离中小学教育实践，在教师培养中存在“理论与实践隔离”的问题是一个不争的事实，也是长期以来为人诟病的症结所在。为了更好地为基础教育培养合格的师资，2011 年教育部颁布了《教师教育课程标准（试行）》，提出三个基本理念：育人为本，实践取向，终身学习。将“实践”作为教师教育改革发展的突破口无疑是正确的。作为教师教育的重要组成部分，小学教师教育的发展也要体现“实践取向”，这无论在学术界还是在基础教育一线均已形成共识。但“实践取向”应作何解，教师教育将“实践取向”作为基本的价值导向的前提是什么，理论界却语焉不详，因此有必要对此问题进行探讨。

“实践取向”是一种价值取向，是在教师培养中所表现出来的一种价值倾向性，是指将“实践”放在教师培养的核心价值地位，即以“实践”为导向，根据实践的诉求培养未来的教师；以“实践”为手段，通过“实践”的途径和方法，将真实情境中的实践、体验、理解与建构作为未来教师专业学习的方式；以“实践”为目的，培养未来的教师具有以“教育实践能力”为核心的实践品格，充分发挥实践在教师专业发展中的作用，把实践作为未来教师专业发展的生长点。“实践取向”是相对于学术（理论）取向而言的，其核心理论问题是解决教师教育领域中理论与实践的关系问题。这就需要避免两个错误的偏向：一是将实践理论化，以教育理论的学习替代实践，理论与实践相脱离，二者各行其是；二是将实践技术化，忽视理论，将理论与实践对立起来，认为实践取向就是单纯的“技术操作”，将教育教学视为一个技术工种。“实践取向”的正确理解应是在正确的教育理论指导下的反思性实践的过程，注重实践与反思的互动融合、理论与实践的本然统一是“实践取向”的实质所在。实践取向的教师教育是以实践为旨归，以理论为前提的“知行合一”的教育，是需要理论滋养的培养反思性实践者的教育。

教师教育倡导将“实践取向”作为其合理的和必然的价值选择，有其扎实深厚的理论前提。

一、教育在本质上具有实践性

教育是人类生活实践的方式之一，它是培养人的社会实践活动。教育在本质上具有实践性。

杜威在其《我的教育信条》和《民主主义与教育》等著作中反复论述了关于教育的基本观点，即“教育即生长”、“教育即生活”、“教育即改造”，认为教育就是经验的生长和经验的改造，创造充分的条件让学习者去“经验”是教育的关键，他把经验当作主体和对象、有机体和环境之间的相互作用，即学习主体与被认识的客体间互动的过程，由此生成了杜威的经验性理论，强调教育是在生活的基础之上，通过经验，由于经验和为着经验的改造和改组而实现生长的一种发展历程。学生从经验中产生问题，而问题又会进一步激发学生去探索新的知识，产生新观念。杜威所强调的“经验”超越了传统的认识论意义上对“经验是主观的感性”的认识，它的积极意义在于建构一种新的实践方式。将理论与实践统一起来，其“做中学”的思想和活动课程理论，从实用主义哲学角度诠释了教育的“实践性”。

由胡塞尔开启的现象学，以“回到事情本身”的话语，为教育的实践性提供了一个新的理论视角。“回到事情本身”是一种接近问题的态度和方式。现象学在本质上是一种生活哲学，亦即实践哲学。“回到事情本身”的教育意涵就是“回到教育实践本身”。胡塞尔认为，事情本身是针对着概念的规定而言的，事情本身是丰富的、清晰的、本质的。事情本身被作为概念在抽象概括的过程中被定义，就先去了事情本身原有的清晰、生动和丰富。“回到事情本身，正是要挣脱那个概念的规定性，回到那个尚未被概念所规定，保有着它全部的生动和丰富的本来面目。”所以，回到事情本身就是回到事实本身，直接面对事实，回到未被概念定义的事情的本来面目，进而找到现象展现出的内涵无限丰富的“充盈”的意义。认为“具有在最本真意义上给予充盈的成分之特征的是直观的成分，而不是符号的成分。”“符号意向自身是‘空乏的’并且是‘需要充盈的’……直观表象才将符号意向带向充盈并且通过认同而带入充盈。符号意向只是指向对象，直观意向则将对象在确切的意义上表象出来，它带来对象本身之充盈方面的东西。”认为意识的指向“在直观化的行为中得到充实”，强调通过“回到事情本身”来倾听事物的现象，获得事物的本质。教育要回到教育事情的本身，才能获得对教育本身的理解。因为教育本身“不是被某个词汇、术语、概念或法则所定义的、规定的”，这需要回到教育实践现场，对教育实践情境的直观和体验。如果缺乏对教育实践情境的关注、对教育实践的体验，就不会有真正的教育。只有在丰富的现实的教育实践中才能获得对教育的真正理解，教育是在情境化的实践环境中展开的，教育与教育的实践情境不可分，教育在丰富的实践情境中实现现实性的意义。

教育植根于人的“生活世界”，时刻发生在教育的实践现场，是通过一定的教育情境，教师与学生的主体间的精神互动来实现的。由于教育情境“几乎没有一个恒定的表现方式，在此时此地适用的行为，在彼时彼地就不见得适用，事先精心策划的行为，在实际的课堂教学中并不见得能够‘畅通无阻’。”所以，面对这样的富有情境化的实践活动，需要置身于具体的实践情境中体验和感悟。

从现象学的“回到事情本身”来审视教育，“重要的是在于形成一种接近问题的态度和方式，以直接的、交互的、生活的态度和方式走进教育问题。”进而形成对教师教育的理解和思考。教师教育理应直面教育本身，直面教育本身的实践性质，在实践领域中寻求发展的意义，回应变革的诉求。教育面对鲜活的具有生命意义的个体，“是人对人的主体间灵肉的交流活动，是人的灵魂的教育，不是理智知识和认识的堆积”。这一实践活动是以教育情境的创设为基础，通过活动体验启迪生命灵性、生成生命智慧，从而促进人的全面发展。

二、教师在实践中实现教育的意义

（一）教师专业具有实践性

教师的专业发展不能仅仅理解为线性的知识、技能的积累，不是依赖外在的技术性知识的灌输而被塑造的，也不是把被灌输的客观的理论知识直接运用于教育实践的过程，而是教师将知识与经验融合在教育情境中，在解决复杂的真实的教育实践问题中，通过自我理解、自我反思和自我变革发展自己的教育实践智慧，进而自主发展的过程。

首先，教师的教育行为是实践的。教师是存在于教育实践之中，存在于真实的教育情境之中的，教师的教育行为总是在具体复杂的教育实践中展开的，教师从事的是解决复杂教育实践中的问题的实践活动，它不仅仅需要教师具有一定的专业知识和专业技能，同时还需要教师的爱心、信念、情感以及人际互动的人文素养，并在实践活动中不断地理解、追求和实现教育的意义。

其次，教师的成长路线是实践的，实践是教师专业发展的生长点。教师是在实践中成长和发展的，是指教师只有在自身的实践中经过不断的反思和建构，才能发展其教学能力和教学智慧，美国的学者波斯纳（1989）提出教师发展的著名公式："经验 + 反思 = 教师的成长"，对此是有力的例证。

第三，教师的教育行为促进教育实践的变化。教师存在的意义和价值在于他所承载的教育使命，而教师使命的完成在教育实践中。教师是教育实践和教育发展的主体，实践是教师发展的基本途径和手段，教师自身的实践活动是教师发展的根本动力，教师的事业心、责任感、教育能力和教育智慧以及变革教育和自我的能动力量是影响教育改革和教育发展最终得以实现的最直接最基本的因素。而教育实践的变化、教育质量的提高以及学生的成长则是教师专业化发展的目标。

（二）教师是反思性实践者

教师是反思性实践者，在研究自身经验和改进教育教学行为的过程中实现专业发展。"反思性实践者"是唐纳德·舍恩（D. Schon）在《反思性实践家——专家如何思考实践过程》（1983）一书中提出的概念。他认为，教师不是单纯地应用科学，由外在的技术与原理武装的“忠实执行者”，而是在实践中并通过对实践情境的不断反思、建构和升华自身经验的“反思性实践者”。舍恩的教师是“反思性实践者”。关于反思实践的思想主要表现为以下几点：

首先，反思性实践者是实践情境中的有效的问题解决者

舍恩从专业人员实践的视角，把专业实践分成两大层次，一是属于“高硬之地”的层次，这里，情境和目标都是清晰的，实践者能够有效地运用科学理论和技术去解决问题；另一个是“低湿之地”，充满着“复杂性、模糊性、不确定性、独特性和价值冲突”，这是实践的“不确定地带”。专业人员面对的多是处于这一不确定地带的问题，外在的抽象化、概括化和单纯化的书本知识所提供的原理与规则以及简单的技术手段是无力解决的。教师的专业场景就具有这种不确定性，不存在对所有教师都普遍适用的有效的技术、程序与原理，作为专业实践者的教师只有依靠“行动中的认识”和“行动中反思”，才能使实践问题得到有效的解决。

其次，反思性实践者的典型特征是借助“行动中的知识”在“行动中反思”，舍恩认为反思性实践既要“反思”又要“行动”的典型特征是能够借助“行动中的知识”在“行动中反思”。

所谓“行动中的知识”，是指实践者在专业实践活动中对活动进行反思而形成的知识。而“反思”就是实践者与问题情境的对话，是实践者在实践情境中面对多样复杂和令人困惑的实践中的不确定、不熟悉和特殊的与以往经验不符合的问题情境时，借助某种思想架构，调动已有的经验，形成新的看待情境的视角并建构可能的解决问题的策略。这样，由于不断的行动中进行的反思，会使教师的体会和经验更为丰富，进而形成更为丰富、内隐、自然和自动化的解决问题的方案系统，凝结和升华为丰富的

“实践性知识”，并最终形成个人的教育实践理论。舍恩认为，这种“行动中的知识”不是建立在“技术理性”基础上，而是由“反思实践”活动来澄清、验证和发展的，常常隐含在实践者面临不确定、不稳定、独特而又充满价值冲突的情境时所表现出来的那种艺术和直觉过程中，它借助艺术性，即在行动中生成的直觉而有效解决问题的能力来实现的。它主导着教师的教育教学行为。教师正是借助这种行动中的知识，即在真实的教育情境中日积月累而形成的“实践性知识”，“对潜藏在判断下的隐含规范和评价进行反思，或对隐于行为模式中的策略与理论进行反思；他可能对情境所引发的一些感觉（正是这些感觉使他选择了行动的特定形式）进行反思；也可能对他形成亟待解决问题的过程进行反思，或者对他在一个较大体制脉络中建构出的自我角色进行反思”。所以，行动中的反思就是对流动的、独特的、具有价值冲突的实践情境的深入理解和解释，具有直觉性、艺术性，也富有智慧性，反思的结果就是形成实践性知识。

由此看来，专业实践者的“实践”不是对理论的简单应用和单纯的技术操作，而是借助“行动中的知识”在“行动中反思”，是“以一种不确定性和艺术的方式努力探究的过程”。在这一过程中，“行动中的反思”会促进形成“行动中的知识”并使之系统化、丰富化和内隐化，“行动”与“反思”是不断互动共生的，体现了专业实践者的主体性。

第三，培养“反思性实践者”的专业教育要通过“反思性训练”

教师是“反思性实践者”，意味着反思是教师完善和改进教育实践并不断促进自身专业成长的内在力量，意味着教师是积极主动的实践的探究者。舍恩认为，培养专业的反思性实践者要通过“反思性训练”。舍恩反对技术理性观念，认为在“技术理性”视野中，专业教育主要表现为先学习理论与规则，再将之运用于实践。舍恩将这种专业理论知识称为“学校知识”，认为这类知识的特征之一就是知识化的、定论化的、抽象化和范畴化的，将这种知识作为专业教育的主要知识形式是错误的，因为它割裂了学校与生活，分裂了“教学”与“做”、“研究”与“实践”，严重地忽略和轻视了专业实践的“不确定地带”。舍恩认为，专业实践并非按事先确定的规则或原则而行事，专业实践所需要的专业知识不能被看成是科学知识在实践中的应用，所以舍恩倡导教师教育必须改变以“学校知识”为基础的制度体系和文化氛围，拓展专业实践的空间，给应用科学和技术解决不了的问题留下空间，拓展和强化“行动中的反思”，使学习者在实践的“不确定地带”具有更强的能力，这需要真正关注实践中的特定问题的“反思性教学训练”培养“反思性实践者”，即培养复杂情境中的有效的问题解决者。

由此，“反思性实践”成为教育研究者和实践者关注并促进教师专业发展的共识，认为教师的专业发展应是“知行合一”的。体现为实践性知识的不断丰富，这依靠教师在实践过程中，不断地获得反思能力，获得敏锐的问题意识和思考、解决问题的成熟度，并据此为教师教育的改革提供了非常有益的思路。舍恩倡导培养教师成为反思性实践者的观点，极富活力地为我们研究教师教育，给未来教师提供更多具体的、情境化的学习机会，为不断整合理论与实践、行动与思考，努力提升教师的实践品质奠定了理论研究和实践探索的基础。

（三）教师专业发展的关键是获得教育实践能力

“教师职业是一种丰富的实践活动。”教师在教育实践中“不可能遵循理论家所设想的那种逻辑，也常常不能按照行动者的事先规划去行事，因为千变万化的制约因素总是迫使行动者不是按照理论可能性，而是根据现实可能性对行为路径或行为模式做出选择。”教师的专业特性就是在这样的教育实践情境中，在没有现成的规则程序和技术方案时，能够凭借自己对教育教学的理解和领悟，在复杂的教育情境中通过创造性地做出自主判断和选择时所表现出来的教育实践能力而体现的。所以，真正主导教师实践的不是象牙塔中的学问，概括的概念化的理论并不能直接为实践提供工具，而真正指导教师实践的是教师在实践中不断累积的实践性知识，在教师专业发展过程中逐渐获得的能够解决“劣构领域”问题的教育实践能力。

教师专业发展的关键就是在累积实践性知识的基础上获得教育实践能力。教育实践能力包括对情境的正确判断力和对情境问题处理的执行力，而这是基于实践，基于教师参与真实的教育实践，在实践中面对复杂繁琐的真实情境，省察自身的信念、课堂教学经验，在对经验不断反思的基础上，重新概括，积极验证，不断生成、建构和丰富实践性知识，在不断涌现的教育情境中通过累积的“判断”与“执行”而获得的。

总之，教师是一种需要一生都不断反思、更新、成长的职业，而教师的反思、更新和成长离不开教育实践，正是在教育实践中对教育情境的体验和感悟，对真实的教育情境中的问题的不断追问，对教育信念、教育行动和伴随的疑虑的不断思考，对所从事的教育事业和教师身份的价值和意义的不断追寻，才有了教师的成长。对于教师专业实践性的认识，特别是对于教师是“反思性实践者”的专业形象定位不仅仅已成为弘扬教师主体价值、描述新的教师专业形象的术语，而且也蕴含着对建立新的教师发展及其培养的模式的召唤，成为教师培养的一种价值追求，在培养“反思性实践者”的教师教育中倡导对教师评价的有效性。①

三、学习是在实践中建构经验

长期以来，心理学中对“学习”有种种界定。由于学习心理学中的认

---

① 李中国等著．科学磨课设计与实践 [M]，科学出版社，2017：101-105.

知革命，本研究倾向于这样的定义："学习是由于经验引起的行为或思维的比较持久的变化。"这一界定强调的是学习的发生是由于经验所引起的，而这里的"经验"不是指总结出来的经验，而是指"经历"，是个体通过某种活动来获得经验的过程，是个体与外界信息相互作用的过程。强调这种经验过程不是有机体简单地接受外界的刺激或信息，而是有机体与其情境之间的双向作用的过程。

80 年代后期以来，建构主义学习理论对学习和教学做了新的解释，成为课程改革、教师教育、教学设计以及教育研究中的重要理论基础，特别是为思考和改进教师教育提供了一个全新的视角。建构主义的核心主旨是：知识是在主客体相互作用的活动之中建构起来的，其关于学习的基本理念是：学习是学习者的意义建构的过程。其学习是在实践中建构经验的学习观主要体现在以下几个方面：

（一）学习是学习者自我主动建构的过程

建构主义认为，学习具有主动性和自我建构性。学习不是只是由外到内的简单的传递与转移，也不是对事实、概念和原理的记忆保持和简单应用，而是基于学习者自身与外界环境的相互作用，学习者以自己原有的知识经验和认知结构为基础，以自己的方式主动地建构自己的知识经验的过程。在这一过程中，无论是学习者将新的信息纳入到自身已有的认知图式之中，使原有的认知图式不断丰富而发生的"同化"，还是当学习者无法将新的信息同化于原有的认识图式中时，学习者改变原有的图式形成新的图式来组织这些信息时而发生的"顺应"，即无论是认知结构中知识经验的量变还是质变，都强调学习者依赖于已有的相关经验和认知结构对新的事物或经验加以理解、解释、反思和推论，进而赋予外界事物（新信息）以不同的意义，即强调学习是以学习者自己的方式、通过新旧经验的相互作用主动建构的过程，认为学习要以原有的经验为生长点，学习者在学习活动中需要进行积极自主的思维、调节与反思，进而不断对已有的经验进行改造和重组。

基于对认知主义和建构主义的调和与修正，当代认知科学从具身认知的视角进一步强调身体在认知过程中发挥着关键作用，认为认知是通过身体结构、活动方式及其与环境的互动体验而形成的，提出了具身参与性与实践性活动促进认知发展的卓越洞见，认为实践参与、实践体验与反思基础上的智慧涌现，是身体、大脑、情境作为认知的动态统一体耦合生成、在认知过程中涌现认知成果的动态相互作用的机制，进而体现出具身认知的“具身性”、“情境性”和“生成性”三个显著的特征。

（二）学习是在社会互动中实现的意义建构

传统的观点认为学习就是个体在头脑中进行的独立活动，忽视了在学习的过程中人际互动和对话协作对于知识建构的重要意义。建构主义认为，世界的意义依赖个体的意义建构，意义建构是学习过程的终极目标。而由于经验背景、成长经历、学习环境和认知结构的差异，对于问题的理解以及对外部客观世界的解释就是各异的，但是，在一个学习共同体中，学习者之间在相互沟通与协作的背景下，学习者不仅表达自己的观点，也分享同伴的经验感受，学习和接受同伴的观点，进而就会多角度的理解问题，形成更为丰富、多元的见解和多视角的理解，促进认知的整合和思想的改进。所以，学习者经验的差异本身就是一种宝贵的学习资源，学习不是学习者个人完成的简单的认知活动，学习者的意义建构也不仅仅取决于与外部世界的相互作用，也取决于社会互动，是社会建构的过程。

维果斯基认为，人类心理功能的发展是以特定的社会本质和社会过程为先决条件的，在每一个社会文化情境中，主体参与正式和非正式的教学交流，产生了与那些情境相适宜的心理功能。主体正是通过社会互动的双向过程，逐渐建立了系统的认知表征作为解释框架，并且信奉自己社会文化情境中所倡导的普遍价值体系和行为准则。在维果斯基的理论中，社会互动成为认知观念产生和发展的源泉，个体身上所表现出来的特定结构与过程，可追溯到与他人的互动上，学习和认知发展就是通过参与社会互动来吸取适当的文化实践经验。

（三）情境化的实践是经验建构的条件

传统的学习观念对学习基本持“去情境”的观点，认为知识的学习可以外在于具体的情境，而所习得的知识可以自然地迁移到各种具体的真实的情境中去。建构主义强调学习、知识和智慧的情境性，提出情境性认知的观点。认为学习就是情境性的认知。学习的实质是个体参与真实情境，通过实践以及与他人和环境的相互作用，获得对情境的认知，是形成实践活动能力、提高社会化水平的过程。认为学习就是对不断变化的情境的理解与参与，是发生在社会环境中的一种活动。布朗（Brown，1989）等人认为，“知识与活动是不可分离的，活动不是学习与认知的辅助手段，它是学习整体中的一个有机组成部分”。所以，学习隐喻的是参与学习，因为“知识不是一套独立于情境的知识符号，它只有通过实际应用活动才能真正被人所理解”，单纯的对概念和原理的学习难以适应具体的、千变万化的真实情境，难以有效地参与社会实践活动。所以强调“学生学习的关键是发生在有意义的情境脉络之中”，如果脱离了知识运用的情境，只能是记忆一些没有意义的不能运用的消极的惰性的知识，学习的结果也只能停留在复述和再现的水平，不可能产生迁移和实践运用的效果。所以，学习不是为了获得某种认知符号，个体必须参与到真实情境中去，基于情境的认知，通过积极的、社会性和真实性的活动体会来实现。这一过程是获得灵活的能够有效迁移和建构的知识的过程。由此，个体在情境中，与环境的相互作用是学习发生的根本机制，是形成能力以及社会化的根本途径。所以，学习不可能脱离活动情境而抽象地存在的，学习应当与情境化的社会实践活动相结合，而情境是学习者实现经验建构的必要前提，在真实情境中的实践活动才能使知识与情境关联，对知识才有深层的、灵活的理解，也才能实现真正意义的学习。后来，在建构主义关于学习的社会建构过程的观念中，进一步提出了活动理论，认为活动是指主体与客观对象进行相互作用的过程，是一种感性实践活动，而人的活动就是社会性实践，社会性实践发生在具体的情境中，学习是通过参与情境活动实现的，因而，情境化的实践是经验建构的条件。

另外，在心理学的研究中，按照问题的组织程度把问题分为结构良好问题和结构不良问题。通过大量的练习和反馈而熟练地掌握知识和技能，就能够解决结构良好问题。而结构不良问题的答案是开放的，解决思路也不是唯一的，所以单一的语言解释和机械的训练显得苍白无力。教师面对的问题是要有效解决教育情境中的各种复杂真实的问题，是结构不良的问题，所以期待通过概念、规则等的识记和纯理论的接收就能够在情境中应用，在接受理解与应用之间建立联系是难以实现的。（准）教师的有效学习应是置于真实的教育情境中，在生动、鲜活的情境中学习，从中获得积极的灵活的、能够有效建构与迁移的教育知识，形成教育实践能力，并不断实现社会化。

美国学者理查德森（Richardson）在研究中发现，那些能够达到改变教师教学概念和信念目标的课程大都有着建构主义取向教学的特色。因此，重新领悟“学习是在实践情境中建构经验的过程”，从学习的实质、过程和目标的视角，让我们进一步思考职前教师培养的有效性的问题，明确了教师教育的时代精神和培养理路：真实情境中的学习才是未来教师专业学习的有效方式，实践中的反思与建构是未来教师专业发展的关键，是专业学习的理想路径。为未来的教师在专业学习中创设情境，提供实践的机会，在实践中不断积累和建构新经验，不断通过知—行—思的交融内化新理念，培养反思的意识和能力，形成实践智慧是小学教师教育的出发点和落脚点。

附录：从附属到联盟：教师专业发展场域的建构——以临沂市为例

（临沂大学　孙百娥 李中国）

场域是指由一系列客观关系构筑的社会空间，这一空间并非单指物理环境，同时包括场域要素间的组织关系。教师专业发展场域是教师从非专业化形态发展成为专业人士所依托的由多要素及其组织机制共同构筑的客观关系网络。随着教师教育一体化和教师专业发展的推进，教师专业发展的附属型场域结构正面临新的转型，联盟型教师专业发展场域亟待形成。本文从临沂市联盟型教师专业发展场域建构的背景出发，阐述了联盟型教师专业发展场域的理念及目标，并提出了相应的组织策略。

一、临沂市联盟型教师专业发展场域建构的背景

（一）临沂教育事业发展的既有经验

教育的质量关键在于教师，教师整体教育水平的提升必定带来教育的繁荣。临沂市是拥有 1100 万的人口大市，幅员辽阔的临沂分布有多所中小学校，据《临沂统计年鉴》，截止到 2011 年，临沂市有普通中学 355 所，小学 1639 所，每一所学校、每一位老师在自身发展的过程中积累了丰富的实践教育教学经验。临沂大学坚持以服务沂蒙为基本的办学宗旨，对临沂的教育、经济、文化等发挥了重要的推动作用。各级教育科研机构积极发挥作用，力促科研机构和中小学的合作与交流。可以说临沂教育的繁荣局面是在政府协调下的临沂大学、教育科研机构及广大中小学校共同合作的结果。

（二）成功教育实践经验的借鉴

教师发展学校的成功探索联盟场域的同构体早已有之。美国的教师“专业发展学校”（Professional Development School，简称 PDS）即为其中代表。PDS 是由大学教育学院与一所或多所中小学合作，融教师职前培养、在职培训和学校改革于一体的学校形式，是一个具有多重功能的合作伙伴关系网。我国国内亦有大学与中小学联盟推进教师专业发展的成功尝试。2001 年 4 月，首都师范大学与丰台区的 4 所中小学校合作建立了首批教师发展学校；截至目前，这类发展学校已增至 50 余所。教师发展学校为全体师范专业的学生提供了鲜活而生动的课程资源，同时也为各中小学校的教师发展提供了平台。上述实践探索为临沂市联盟型教师专业发展场域的构建提供了实践支撑。

（三）临沂市政府的政策支持

为深入贯彻落实国家和省教育发展规划纲要精神，按照国家关于山东省教师教育综合改革试验区的整体部署，根据山东省教育厅山东省财政厅《关于实施教师教育基地建设工程的通知》（鲁教师字〔2011〕7 号），2011 年临沂市与临沂大学本着共建、共用、共管的方式，整合全市教师教育资源，联合建立了教师教育基地，在全市范围内重新配置区域教师教育资源、管理运行体制、人才培养模式和相应课程体系。截至目前，在市政府的有力推动下，临沂大学与临沂市 30 多所中小学建立第一批校地联盟关系。

二、临沂市联盟型教师专业发展场域的理念及目标

（一）联盟型教师专业发展场域的理念

教师专业成长是一个在“职前职后接力、学校地方合力作用下”的可持续发展过程。教师从非专业化形态发展成为专业人士，需要经过很漫长

的历程。随着教师教育一体化和教师发展终身化的推进，打破校地之间传统的空间壁垒，克服职前职后僵化的时间隔离，基于校地教育联盟平台上的大教师教育体制格局亟待形成。创建教师专业发展场域需从系统的视角出发，要统筹教师职前培养、在职培训等整个职业生涯发展过程，加快推进教师教育的内部一体化和外部一体化，实现各阶段、各层面的相互衔接、相互补充。

教师自身的专业成长是围绕着教师终身发展的需求展开的。“唯有全面的终身教育才能够培养完善的人”的观点，已成为这一时代全人类的共识。对于教师而言，终身教育更具有非常重要的意义，从某种意义上说，终身教育就是教师的存在状态。教师的终身学习贯穿于整个人生，是自发的、主动的、持续的教育过程。对于已经准备做教师的师范生和在职教师来说，内心一定要有终身学习和终身受教育的心理准备。

教育反思是教师专业成长的内在依据与桥梁。教师专业发展探索了一条实践取向、意义取向的途径，这一途径有效地改变着单纯知识传递的课堂教学，实现着教育与教学、知识与意义、教学与研究在实践中的统一和日常化。教师的教育反思是教师专业发展的成功经验，是优秀教师成长的内在心理机制，也是培养师范生为师素质的核心指标。从优秀教师成长的实践经验看：以丰富的教育实践经验为基础，以适宜的教育理论学习为前提，以自我反思为桥梁和路径，打通教育理论与实践之间的壁垒，形成独特的教育智慧，引领自我可持续发展。

（二）临沂市联盟型教师专业发展场域的目标

借鉴国内外联盟型教师专业发展学习的先进经验，从临沂市的实际情况，我们制定了临沂市联盟型教师专业发展场域的总体目标是：用 2-3 的时间，在临沂市政府、教育局的协调下建立大学（临沂大学）、各级教育科研机构和中小学校三方合作的教师专业发展场域联盟，尽快加速临沂教师教育一体化和教师发展终身化的进程。在教师专业发展的过程中，临沂大学、各级教育科研机构和中小学校这三大主体要充分发挥自身的优势，明确自身的职责，各取所长、补其所短，互惠互利，互相合作，达到最大利益的共赢，共同促进临沂教育事业的发展，同时政府要充分考虑场域成员间的相互协调，使责、权、利对等，确保教师专业发展顺利进行。

三、临沂市联盟型教师专业发展场域的组织策略

（一）联盟成员间平等对话以求共赢

平等对话是创建联盟型教师专业发展场域的基本前提，是各联盟成员角色认知、职能定位、行为定向的基础，是深入交流、规避风险、真诚合作、共同发展的重要保障。各联盟成员要以促进教师专业发展为目标，加强彼此认同，明确职责任务，在责、权、利对等的前提下，培育共赢文化。以高校为代表的教师培养机构要充分认识、认同中小学校在教师专业技能实践、专业情感培养、教师角色转变等教师素养生成中的地位与作用，以真诚的心态主动与中小学校沟通；同时要针对中小学教师的岗位特征开展研究，协同其他力量积极做好中小学教师的专业发展设计；通过签订长期合作协议，确保履行教师专业发展任务的系统性和针对性。

各中小学校要强化责任，把教师培养职能纳入学校整体发展规划中。根据高校师范生的教学要求，认真落实教学任务；同时结合自身办学实际和师资队伍水平，与高校共同制订具有自身特色的教师专业发展规划和具体实施路径。

（二）组织机构确立层层职责

从场域的顶层设计到具体落实，联盟场域的组织机构可以分成决策层、执行层和操作层三个层次：决策层设“联盟场域管理委员会”，主要负责联盟体的发展规划、职能分工、统筹协调和监督检查，其成员主要由

各联盟成员的主要负责人构成;“联盟场域管理委员会”下设办公室，负责协调和落实联盟场域的决定。执行层主要设置在各联盟成员内部，即与“联盟场域管理委员会”相对应的“联盟成员管理委员会”，主要负责各成员所辖范围内教师专业发展任务的组织落实，并与“联盟场域管理委员会”实现无缝对接。操作层即为具体实施层，是分布在各场域成员中的“某一学科教师专业发展指导委员会”，其成员包括高校学科教师、中小学校教学骨干以及相关学科的师生代表；在“联盟成员管理委员会”指导下，制订学科教师专业发展计划，搭建活动平台，使本学科师生通过参与合作性的实践，滋养自己的教学知识和实践智慧。

（三）课程序列化实现教师教育一体化

课程是教师专业发展的主要依托，是联盟场域建设的主线，以课程为主线，推进教师教育一体化，首先要做好课程方案的一体化、课程内容的一体化和课程实施的一体化。

课程方案一体化，重点是做好职前、入门、在职三个不同阶段的整体统一。在方案制订过程中，要坚持整体性和连续性原则，全程规划、总体设计、通盘考虑，构建和确定贯通教师教育职前与职后的课程方案；在实现一体化的同时，还应考虑处于预备教师、新手教师、合格教师和专家型教师等不同发展阶段的侧重性，做到系统性和针对性的有机统一。

课程内容一体化，关键是改变课程内容在职前培养、职后培训上相互割裂和低水平重复的状况；采用螺旋递进方式，加强内容前后的连贯性和渐进性；课题内容的一体化还表现在理论内容与实践内容的一体化，加强彼此间的相互融合，变“串联”为“并联”。

课程实施一体化，重点是课程实施主体与课程资源利用的一体化；在课程实施主体上，要在联盟场域内遴选最优质的教师资源，突破原有高校教师和中小学教师仅能在所属单位空间活动的限制，依据能否提供最优质教学为标准遴选授课教师。比如，课程教学设计、课堂管理等课程就可以由中小学教师承担；在资源支持上，不仅要整合优化联盟场域内的资源，还要着力打造一定数量的优质品牌资源，并实现联盟成员间的共享。

同时，联盟机构和组织要共同研发课程。由大学教师、教育科研人员、小学教师共同研发制定凸显中小学特色的学科课程、实践类课程。如大学的小学教育专业课程可以通过共同研发的方式来进行，也可以通过大学教师与小学教师合作讲授课程的策略。优秀的小学教师需要掌握教育相关理论，但传统的教育理论课程的教学重传授轻体验、重理论轻实践，为此需做如下改革：一是必须改变大学教师脱离小学实践的现象，制定政策鼓励他们进入小学并进行教学，通过教学实践反思并改进自己在大学课堂的教学，改进对未来教师的培养；二是将有丰富教育经验的小学教师请进大学课堂，他们既可主讲某些课程，如“小学语文课程标准解读”、“板书设计”等，也可与大学教师合作讲授部分课程。[①]

（四）运行机制健全以提高绩效

场域是充满矛盾的空间，矛盾虽然有助于推进创新，但处理不当，同样会产生内耗，影响或阻碍发展。基于产生和激化矛盾的原因，联盟型教师专业发展场域应在场域决策、信息沟通、运行监管等方面进行机制创新。一是建立多元主体决策机制。根据利益相关者理论，科学高效的决策大多来自于利益相关者参与决策。在联盟型场域中，高等学校、教育科研机构、中小学校、师范生与在岗教师均代表了不同的利益主体。在联盟决策的过程中，要充分考虑各方利益，实施多元主体联合决策。二是建立多维度信息沟通机制。设立专门网络平台，及时将联盟场域的动态思路、决策决议、运行状况等传达给场域成员；推行毕业生跟踪服务机制，通过毕业生用人单位的信息反馈，找出联盟场域存在的问题和责任主体，及时予

① 李中国，黎兴成．教师教育学科的建设逻辑 [J]. 教育科学，2018（6）．

以纠正或调整。三是创立联盟运行监管机制。建立联盟成员功绩榜，细化评定指标，对促进联盟场域发展者给予奖励；设立联盟执行督导室，重点监察联盟委员会所下达的任务完成情况，并及时督办和通报；推行场域成员退出机制，对于不能按要求完成场域联盟任务、师生反应强烈、不利于教师专业发展和场域发展者，允许或者劝其退出联盟。①

联盟型教师专业发展场域的构建对于高等学校、教育科研机构及其中小学校有独特的价值和意义，在互赢的局面中，高校从教师职前培养中收获的是实践经验丰富的毕业生，从教师职后培训中收获的是未来的教学经验；中小学校收获的是大学的学术前沿和大学文化，为教师创造了新的发展平台，收获的是学校的品牌建设；教育科研机构在连接理论和实践的桥梁过程中，收获的是鲜活的教育经验和丰富的教育理论。

（《教师教育论坛》2015.03）

① 李中国．从附属到联盟：教师专业发展场域变革思考[J]．教育发展研究，2011（2）

第五章　硕士层次小学教师培养

“百年大计，教育为本”，只有提升教师质量，加强教师队伍的建设，才能更好地实现这一宗旨。随着时代的发展与我国基础教育课程改革的推进，社会需要更多掌握现代教学理念，具有较强教育教学实践和科研能力的高标准、高素质、高层次的教师。小学阶段的教育作为基础教育事业的开端，加强小学教师的培养应放在首要位置。为了满足这一要求，我国已有许多高等师范院校在教育硕士专业学位中设置了小学教育专业，由此硕士层次小学教师培养模式在我国逐步推广。

第一节　历史回顾与现实需求

一、我国小学教师培养学历层次的历史回顾

培养高水平的教师队伍是提升国家教育质量的关键，长期以来，我国

在培养小学教师方面已经形成了独特的体系。随着时代的变迁与师范教育的发展，小学教师培养的形式也在不断变化，先后经历了以下几个层次的培养。

中师层次的小学教师培养。建国后很长一段时间，我国小学教师培养的任务由中等师范院校承担，这种模式培养出来的小学教师虽然也拥有必要的职业素质，在一定的时期内为我国小学教育工作奉献出了力量。但是随着教育事业的不断进步，社会对小学教师的素质要求提高了，这种中师层次的小学教师培养显然满足不了社会日益增长的需求。

专科层次的小学教师培养。20 世纪 80 代以来，为了满足社会发展对小学教师质量的要求，以中等师范院校培养小学教师的形式在逐渐淡出历史舞台。我国开始探寻由专科师范学校培养小学教师的模式，并将这种模式向规范化和制度化靠拢。这也意味着我国小学教师培养模式正在向一个新的层次过渡。

本科层次的小学教师培养。20 世纪 90 年代中期，我国许多高等师范院校开始加入了本、专科学历小学教师培养。1998 年 9 月，南京师范大学晓庄学院最先开始进行小学教育专业本科学历的招生工作。随后首都师大、东北师大、天津师大、上海师大等一批高等师范院校也陆续开办了本科学历的小学教育专业。自此，本科层次的小学教师培养工作正式拉开帷幕，并推广到了全国各地 。

硕士层次的小学教师培养。进入 21 世纪，我国教师专业化进程在不断地加快。随着基础教育课程改革的发展，我国更需要掌握现代教育理论，具有教育教学实践和科研能力的高素质小学教师。我国于 1996 年 4 月设置教育硕士专业学位（EDM），它的培养目标是针对教育硕士研究生实行专门的、高水准的教师职业操练。1997 年我国开始教育硕士招生试点工作，2004年在教育硕士专业学位中设置小学教育方向，这在本质上意味着我国正式开始培养硕士层次的小学教师，旨在培养掌握现代教育理论、具有较强教育教学实践和研究能力的高素质小学教师，符合当今社会对应用型高层次专门人才的需求。2009年，教育部设立全日制教育硕士专业学位类别，我国全日制小学教育专业硕士开始招生。2010年小学教育专业硕士单独命题招生，逐年增加专业硕士招生指标。

综上可见，随着新世纪教育改革的不断深入与教师专业化进程的持续加快，小学教师培养的层次结构也在逐渐加重，这也表明了开展硕士层次小学教师培养的重要性。因此，加强硕士层次小学教师的培养是我国教育部门刻不容缓的任务。

二、培养硕士层次小学教师的现实需求

（一）我国教育形势发展的需求

小学教师培养面对社会的快速进步与基础教育课程改革所带来的挑战，发生了巨大的变化，可谓日新月异。近些年来，我国的基础教育事业进展快速，其整体发展形势更趋向于培养高素质、高学历、高层次的师资力量，这也在无形之中给小学教师的培养增加了压力。目前，部分地区的小学教师培养依旧停留在本科层次，这与加速发展的教育形势是极不相符的。因此，加快小学教育硕士研究生的培养就显得尤为必要，这样才能符合教育形势发展的要求，为我国的教师教育事业做出进一步的贡献。

（二）教师专业素质发展的需求

小学教师的专业素质是专业知识、专业能力和专业素养的多维复合结构的组合形式。小学教育事业的进步离不开高素质的小学教师，时代的发展和新课程的改革暗示着小学教师必须具备终身发展的能力、不断提升专业素质的觉悟，这也让越来越多的在校学生以及在职教师报考小学教育专

业的硕士研究生来继续深造。因此，硕士层次的小学教师培养无疑成为促进教师专业素质发展的必然结果与现实需求，也为我国能够更好的建设师资队伍提供方向。

（三）小学教育改革的需求

在深化基础课程改革的发展的进程中，小学教育课程改革会面临着很多的问题与挑战。小学里面迫切需要拥有一定的研究和实践能力的教师，专科与本科层次的小学教师在这方面会稍有欠缺，而以研究性特征为主的硕士层次小学教师的价值就被凸显出来。此外，新时代下的小学生有着特殊的学习环境与条件，他们获得知识的渠道更加宽广，思维视野也在不断提高。这表明小学教育的培养任务不同于以往，更富有挑战性。因此，这一整体形势在呼唤着小学教师的专业素质与能力要进行深层次的更新与加强。只有培养硕士层次的小学教师，才能适应新时期小学教育改革发展的需求，进一步提升小学教育的质量。

（三）全日制小学教育专业硕士的培养目标

全日制小学教育专业硕士的培养目标是其培养过程的行动指南，制约着整个培养活动的各个环节。尽管在《全日制教育硕士专业学位研究生指导性培养方案》中将培养目标确定为“培养掌握现代教育理论、具有较强的教育教学实践和研究能力的高素质的中小学教师”，各个培养单位也严格遵循着这个培养目标，然而我国全日制小学教育专业硕十的培养目标设置存在两种较为明显的极端：一种趋同于学术型硕士培养目标，另一种倾向是矮化为纯粹的职业技能培养。这两个极端导致全日制小学教育专业硕士培养理念愈来愈远离小学教育的本真诉求。因此，在充分考虑基础教育对优质师资的独特要求和全日制教育硕士培养活动内在规律的基础上，其培养目标应实现“职业胜任力”与“研究能力”的二元共生，将其定位为培养具有职业胜任力的研究型小学教师。[①]

1. 培养具有职业胜任力的小学教师

2010年通过的《硕士、博士专业学位研究生教育发展总体方案》明确说明:“专业学位是针对社会特定职业领域的需要，具有相对独立的教育模式，具有特定的职业指向性。”职业胜任力是个体在特定职业岗位上取得卓越工作业绩的知识、能力、人格特质的总和。作为专业学位的一种，全日制小学教育专业硕士的培养应具有鲜明的职业定向性，直接面向基础教育需求，培养适应和引领基础教育的优秀师资，强调实践取向性，培养目标侧重于提升全日制小学教育专业硕士的职业胜任力。研究生层次的小学教师应具有高尚的教师职业道德、积极的教育情感、深邃的教育智慧以及良好的专业能力。

2. 培养具有研究能力的小学教师

专业学位虽然强调应用性与职业背景，但其实质还是学术性和职业性的紧密结合。培养全日制小学教育专业硕士职业胜任力的同时，还要培养其具有浓厚的教育教学研究兴趣和探索精神，形成问题意识和具体的教育教学场景疑难中发现问题的能力。研究生教育“以科研为首要的成分，学生的作用就是把科研和学习结合起来——科研活动转变为一种学习的模式”。[②]全日制小学教育专业硕士的专业特色决定了研究生的教育科研应立足于丰富的校园生活和真实的课堂，体现应用性和职业性的特点，这样有助于他们将来成为具有教学学术与文化研究能力的优秀教师。[③]

① 黄正夫 . 基于协同创新的全日制教育硕士培养模式研究 [D]. 西南大学，2014

② 伯顿·克拉克 . 探究的场所一现代大学的科研和研究生教育 [M]，王承绪译 . 杭州：浙江，教育出版社，2001：1

③ 李中国，黎兴成 . 我国高校教师教学研究的热点状况分析——基于 2005-2015 年 CNKI 文献的共词分析 [J]. 教育研究，2015（12）.59-66.

第二节　全日制小学教育硕士培养的现存问题

在当前我国小学教师培养学历层次和标准不断提升的背景下，硕士阶段的小学教师人才培养面临着更大的挑战，与此同时，普通高校小学教育专业型硕士的人才培养中存在的问题也就更值得教育工作者深入思考。

（一）人才培养模式的针对性不强

小学教育硕士研究生的培养具有一定的特殊性。因此，对于高等院校小学教育硕士专业学位学生的培养应区别于其他专业硕士学位的培养工作。以下将从人才培养的目标、规格、方式和过程以及小学教育专业独特的教学实践技能五个方面进行研究。

1. 人才培养目标的界限模糊不清

培养德、智、体等全面发展的小学教师是小学教育专业共同的培养目标。《中华人民共和国高等教育法》（1998）（以下简称《高等教育法》）提出的学业标准相对照规定，"高等学历教育应当符合下列学业标准：1. 专科教育应当使学生掌握本专业必备的基础理论、专门知识，具有从事本专业实际工作的基本技能和初步能力；2. 本科教育应当使学生比较系统地掌握本学科、专业必需的基础理论、基本知识，掌握本专业必要的基本技能、方法和相关知识，具有从事本专业实际工作和研究工作的初步能力；3. 硕士研究生教育应当使学生掌握本学科坚实的基础理论、系统的专业知识，掌握相应的技能、方法和相关知识，具有从事本专业实际工作和科学研究工作的能力；4. 博士研究生教育应当使学生掌握本学科坚实宽广的基础理论、系统深入的专业知识、相应的技能和方法，具有独立从事本学科创造性科学研究工作和实际工作的能力。"可以看出，《高等教育法》中明确规定了专科、本科、硕士、博士不同阶段的小学教育人才的培养规格。然而在实际培养的过程中，一些普通高校在制定小学教育专业硕士的硕士培养目标时，由于对小学教育缺乏特殊性的认识，在很大程度上其培养目标的设定和其他专业的教育硕士培养目标有相似之处，即不够明确的培养目标，培养模式则显示不出小学教育的独特性，再加之对小学教育专业特性的思考不到位，导致了培养目标定位模糊不清。

2. 人才培养规格的专业特色不够明显

通过查阅文献以及阅读设有教育学专业的师范院校的人才培养规格可知，每个学校的人才培养规格的具体内容虽有区别，但是内容却大体相同，基本包括知识规格、能力规格和素质规格三个方面。然而，小学教育专业的硕士人才培养规格却与教育硕士的培养规格无异，没有明显的专业区分，导致小学教育硕士研究生培养规格特殊性的缺失。

3. 人才培养方式呈现“市场化”趋势

教育部“重点支持专业学位研究生教育发展，并提出扩大其人才培养规模。”在此之后，各普通高等院校为进一步适应教育部的政策，以及顺应就业市场对于小学教育人才的紧需，将小学教育专业分设为小学教育（语文）、小学教育（数学）、小学教育（英语）三门学科，扩大招生，忽视了学生的质量，导致生源质量参差不齐，学生能力培养存在困难。

4. 人才培养过程的管理缺失

“重招生，轻培养”的现象已经屡见不鲜，主要体现在培养单位对专业硕士培养重视不够，在培养过程的管理也存在疏漏。一方面存在着人才培养上学术型研究生与专业型研究生区分不大，另一方面，加强教师发展、教学发展、教学文化、教学研究的创新实践。①

① 李中国，黎兴成．我国高校教师教学研究的热点状况分析——基于 2005-2015 年 CNKI 文献的共词分析 [J]. 教育研究，2015（12）.59-66.

5. 教学实践技能训练的开展不充分

教学实践技能训练是学生直接接受教学实践能力培养的最有效途径。然而，在实际情况中，很多高等院校在硕士阶段学生教学实践技能训练的这一环节上做得并不够好，具体表现为：首先，小学教育硕士招生时通常会招第一志愿以及其他专业的调剂生，这样就会导致研究生阶段学生的基础性教学实践技能参差不齐，本科阶段也为小学教育的研究生接受过专业的技能训练，而其他专业的学生则没有受过专业训练，因此，研究生阶段对不同学术背景的学生的基础性教学实践技能训练重视不够；其次，一些高校的课程设置未能有效给学生提供可直接进行应用型教学实践技能训练的学习内容和实践场所，使得学生的应用性教学实践技能的演练不足；最后，很多学生对于发展性教学实践技能的培养意识淡薄，同时没有树立起很强的职业认同感。

（二）课程结构的构建性不足

1. 课程设置：小学教育特色课程不够突出

高等院校中小学教育专业的课程设置在课程结构上具有较高的一致性。将教育学和学科课程设置为主干课程，同时坚持大学通识课、基础专业课、学科专业课、公共选修课、活动课、社会实践课六个课程平台，以小学教育专业实践和小学教育研究一线贯穿，并充分体现小学教育专业综合培养、学有专长的人才培养特色。

然而在实际高等院校的课程设计中，小学教育本科生阶段的课程设置主要以迎合研究生入学考试的课程内容为主而设置，教育学、心理学课程较多，学科专业课程设置单一，相对缺乏教学实践课程；研究生阶段的课程设置依然理论性较强，围绕“小学教育”专业的课程属性模糊，学科专业课程设置不多，学科方向归属仍然存在争议，教学实践类课程开设有限导致学生教学能力水平较之本科生的差距依然没有优势。忽视了专业特色的多样化需要，虽然一些学校开设了针对本专业的相关课程，但是针对性不强，导致课程配置的低效。

因此，教师学历的提升并不意味着教师教育能力水平的真实提高，但事实是学历往往成为了一个单纯的衡量标准。

2. 课程内容：教学内容的更新不够及时

首先，目前教学知识的更新速度较快，尤其是小学教学知识的内容，版本已更新。因此，研究生阶段学校在课程配置合理的情况之下，由于很多大学教师仍处在以科研为主的状态，从而忽视了教学内容的更新，在教学时仍以多年前的内容为主，严重落后于现在的教学内容。

其次，教学理论的“老三样”依然是小学教育专业硕士研究生培养的理论课程主干，对于新增设的理论课程，教师理解不够深入，使得学生教学理论缺乏又对教学实践不能提供有效指导，直接导致了学生在教学实践过程中表现不佳。

3. 课程实施：理论课程与实践课程相疏离

普通高等院校中小学教育硕士专业学位的研究生培养应侧重于提高和发展研究生的教学实践性、理论应用性和工作职业性。从这三大特性中我们可以得知，教育硕士的教育理论知识的深化和教学实践能力的培养，要在关注其学术性的理论知识外，更要加强其教学的实践性特征，以及培养小学教育硕士研究生的职业认同感和热情，最好要做到理论与实践的结合，理论对实践起到积极能动的引导作用。

在实际高等院校小学教育硕士研究生的教学培养过程中，实践类课程确有不断增多，比例不断增大，内容形式也更贴合于一线的小学教学。但是，理论与实践的疏离并没有得到扭转，在课程设置中虽增设有教育科研实习、课堂教学实习或教学科研训练、专业技能训练等内容，而在课程实施的过程中，研究生的理论知识与实践知识仍处于相对封闭独立的状态，大学教师的一线实践能力欠缺，而小学教师的指导又不能与研究生课程的理论进行密切的结合，使得研究生的理论课程与实践课程一直呈现相对疏离的状态。

（三）双导师制形同虚设

为了改善全日制小学教育硕士的职业素养，提高小学教育硕士的科研能力，贯彻理论性与实践性相结合的宗旨。《培养方案》规定："在小学聘任有经验的高级教师担任指导教师，实行双导师制。"要求每名研究生配备两位导师，一位是熟悉基础教育现状和具有较高学术造诣的高校导师，主要培养研究生的理论素养，注重提高研究生的科研能力；另一位是聘请小学具有高级职称的教师及基础教育管理专家作为校外导师，主要负责研究生的实践操作，旨在提高研究生的实践能力。然而，在具体实施过程中，由于受到时间精力、劳动报酬和管理制度等因素的制约，校外导师很少有精力手把手地指导研究生提升课堂教学水平，没有真正承担起提升研究生实践能力的使命，通常只是象征性地出现在毕业论文答辩会上，浅层次地走个形式，并没有发挥实质性的作用。而校内导师由于没有小学的一线教学经验，案例分析和实践环节指导能力明显不足，缺乏对研究生进行实践能力的培养与专业技能的训练，偏离了小学教师的职业特性，淡化了专业学位研究生的特色，偏离了专业学位研究生的培养宗旨，最终导致全日制小学教育专业硕士双导师制形同虚设。

第三节　全日制小学教育硕士培养的模式探索

一、科学设定培养目标——反思性实践者

培养目标贯穿于教育活动的始终，在很大程度上制约着全部教育教学活动。目前，一些高校里小学教育硕士研究生的培养目标定位颇高，如培养骨干、高素质研究型或专家型小学教师，显然落实这些目标还拥有一定的难度，很容易致使其形同虚设。因此，本文将小学教育硕士的培养目标定位为——反思性实践者。所谓“反思性实践者”，是指小学教育硕士研究生可以围绕教学实践中发现的问题，在掌握扎实的学科理论的基础上，对此展开批判反思，解决教学实践中存在的问题。通过对这些问题的合理解决，进一步提升教学实践及批判性反思的能力，最终促使教学实践和反思能力的良性互动。①

当然，培养目标不能过于笼统，我们将培养“反思性实践者”这个目标细化后可分为：第一，硕士研究生需要掌握扎实的学科知识和教育教学理论，并能将这些知识灵活地运用到教育教学中；第二，要具备一定的辩证分析和批判思想，时刻以客观严谨的心态去质疑、辩证和批判不符合逻辑的教育学实践；第三，要具备敏锐的洞察力，能够对教育教学实践进行系统的思考。第四，要具备对教学活动中的具体问题开展研究的能力，认真对待教育科研。基于此，以“反思性实践者”为目标具有可操作性，对硕士层次的小学教师培养赋予了指导性的意义。

① 李中国，黎兴成．教师教育学科的建设逻辑 [J]. 教育科学，2018（6）.

二、合理设置课程体系

课程设置是培养单位为了实现既定的教育目标而对课程要素进行的选择和配置，体现为课程方案中的课程内容与结构、课程类型及其学分比例关系等。高校必须以培养目标的实现程度为依据，合理设置小学教育硕士研究生的课程。

（一）以培养目标为导向，加强实践类课程

教师角色作为一种行为模式，需要在实践中实现，[①] 基于对小学教育硕士培养目标的“实践性”特征，对其课程的安排必须强化实践性课程比例。可在选修或必修课程中融入信息技术教育、研究性学习、社会实践等课程以及培养研究生教育教学技能、行动研究策略的方法类课程来提升学生的科研实践能力。也可以将一些课程的学习与教育实践活动结合起来，例如教育研究与方法这门课程以教学研究技能的形成为主，包含的案例丰富，可以更好引导学生以实践的方式去探讨问题，又能为论文撰写提供了扎实的理论基础。

（二）调整公共基础课程，重视选修课程

首先，降低公共外语课程所占比重。多数研究生都掌握了一定的外语知识，且小学教育专业的研究生进入小学后也主要执教语文或数学学科，即使取消外语课程也不为过。其次，减少普通政治课程比例并将教师职业道德课程从中分离。这两门课程的结合并不能充分发挥各自的作用。具备师德是有资格成为小学教师的必要条件，高校最好能单独教授教师职业道德这门课程。再次，重视选修课程的设置，提高课程的灵活性。研究生的课程应该增设更多的专业选修课，让学生拥有对课程的自主选择权力，这样有利于激发学生学习专业知识和技能的动力、促进其对专业情感的培养。

---

a　李中国．教师角色转换中内涵性特征的缺失与补救 [J]，教育研究，2008（6）．

三、注重理论与实践相结合

教师职业是一种实践性很强的职业，只有经过教育实践才能把学习到的理论知识加以运用，才能真正实现理论与实践的融合。小学教育硕士不仅需要研究教育理论，更重要的是将其应用于实际教学。

（一）微格教学——体验理论的效用

“如何进行有效的教学？怎样的一堂课才是好课？”，这既是教育理论问题，又是最切合小学教育硕士研究生的实践问题。微格教学是训练研究生教学水平的必备课程，它是个有控制的实践系统。利用微格教学，把研究生的教学过程录下来，之后展示给他们看，让其从中认识到自己对理论掌握的程度，找到自己教育教学过程中的闪光点与欠缺之处，对自己的水平标准有一个明确的定位，让他们学会形成独特的课堂教育教学特色。这一过程更好地促使研究生充分利用所学的理论，达到学以致用的效果。

（二）强化教育见习环节

高校需要及时与地方小学合作，组建小学教育硕士教学、科研基地，为研究生增加教学实习机会，提供真实的课堂情境，来增强学生的教学基本技能，加强研究生的教育研究的目的性和操作性。在整个实习过程中，无疑能够让小学教育硕士研究生把在校学习的理论知识与教学实践整合起来，让他们积累更多的一线教学经验。同时，让研究生直面课堂，在教学中对问题进行思考与研究，能够培养其对问题的认知和解决能力，也能够奠定他们对教育教学活动、教育现象的感性与理性的认知基础。

四、加强导师队伍建设

小学教育硕士研究生培养质量的高低，与硕士生导师队伍的学术水平、科研能力、教学方法等有着密切的联系，为此更要加强导师队伍的建设。

（一）拓展导师来源渠道

关于加强导师队伍建设方面最首要的问题就是要拓展导师来源的渠道。遴选小学教育硕士研究生的指导教师可以从以下几方面考虑：第一，从学术型教育硕士导师中挑选小学教育硕士指导教师；第二，可以从地方小学中一线优秀教师或者管理人员（尤其是校长）中选择导师；第三，可以通过与其他有培养资格的高校合作交换指导教师；第四，条件较好的培养单位可以与教育研究机构或者国外高校合作联合培养。扩大了导师来源，在一定程度上解决了导师队伍单一化的矛盾，为培养小学教育硕士研究生的工作提供了保障。

（二）实行校内校外双导师制

“双导师制”是指高校的教师与合作小学中的优秀教师共同培养在校研究生的一种制度，他们要形成师资队伍联合体，一起做课题研究，一起分析教学案例，共同商讨如何培养在校硕士研究生。高校现有的导师人数并不是十分充裕，在这种情况下，吸纳小学中优秀教师担任小学教育硕士研究生校外导师能够优化导师的结构。高校也需定期邀请这些优秀的教师为研究生上示范课或者专题指导，为他们提供富有理论价值和实践意义的论文选题素材。因此实行双导师制，既可以在校内教师的课堂上学习到理论知识，又能在校外导师那里学习到实践经验。

五、确保政策支持体系

政策支持是理念转化的最终落脚点，也是落实理念的条件和保障，更是联结小学教育硕士培养的理想状况与现实的桥梁。国家必须采取相关政策支撑，确保各高校能够有条不紊地培养小学教育硕士研究生。

（一）增设培养单位

近几年来，随着国家对教育的重视加深以及小学教师地位的提高，越来越多的人报考小学教育专业硕士研究生，其中也包括一些在职教师。教育相关部门必须要保证有足够的培养单位能接纳这些飞速增加的招生数量，满足我国硕士层次小学教师培养的教育需求。基于此，教育部门可以通过增加综合性大学培养小学教师的权利、在教育硕士学科领域增设小学教育专业，使具备一定教育教学资源和师资条件的高等院校参与到小学教育硕士的培养当中，让综合性大学全心地为硕士层次小学教师的培养奉献出一份力量。

（二）增强财政支持力度

小学教育硕士研究生属于我国的高层次人才，是高等教育中不可或缺的一部分。随着研究生数量的急剧增加、培养小学教育硕士规模的拓展，明显预示着我国要加大培养的投资成本。这些都需要消耗大部分培养单位的优质教学资源，需要充足的教育经费来支撑培养单位的教育工作。因此，政府必须从财政上增强培养小学教育硕士的资金投入，定期给予培养单位科研基金，使各项硬件、软件设施以及各种教研活动等都能得到财力的充分支持。[①]

第四节　全日制小学教育硕士培养的路径探索

对全日制小学教育专业硕士培养问题进行梳理，探索全日制小学教育专业教育硕士培养路径，通过以凸显小学教育专业特性为核心，优化课程结构；采取多元互动，丰富教学方式；建立严格考核程序，完善双导师制

① 李中国，黎兴成．我国高校教师教学研究的热点状况分析——基于2005-2015年CNKI文献的共词分析[J].教育研究，2015（12）.59-66.

度；通过 U—S 共生性合作，为实践教学注入营养等路径，提升全日制小学教育专业硕士的培养质量，促进教师职业发展具有重要的意义。

一、以凸显小学教育专业特性为核心，优化课程结构

为体现小学教育专业的实践性、职业性、应用性和综合性等特点，以凸显小学教育专业特性为核心，以教师职业的实践需求为依据，科学地设置课程。因此，可以依据《培养方案》要求，调整课程模块，将课程设置分为公共基础课、专业必修课、分方向选修课、任意选修课、教学实践课以及补修课六大模块。并围绕《小学教师职业标准》中的专业理念、专业知识、专业技能这三大方面来具体开设。首先，为增强公共基础课的实用性与前沿性，可以将“教育学原理”、“青少年心理发展与教育”与“中小学教育科研方法”这些理论课程细化并与研究方法类课程融合为“教育前沿研究专题”、“基础教育课程前沿研究专题”和“儿童心理发展前沿研究专题”这三门课程，培养具有现代教育理论的小学教师。其次，在专业必修课的设置上，为培养学生教学的各方面能力为目标，突出专业性与实践性等特点。课程设置应以现代教学思想、理念为指导，开设与小学教育师资质量要求相一致的课程，如小学数学（语文）教材分析与教学设计等课程。最后，在分方向必修课的设置上，主要是为了学生可以依据个人兴趣和发展规划选择不同方向的课程，以重点培养学生不同学科的教育教学能力。此外，课程设置还应关注跨学科和非师范类学生实践能力的发展，高质、快速地培养这些学生职业所需的核心素养。

二、采取多元互动，丰富教学方式

《国家中长期教育改革和发展规划纲要（2010- 2020 年）》指出：学习和思考要缺一不可，提倡探究式、研讨式、合作式、启发式教学方式。

因此，教师应采用多样化的教学方式，如探究式教学模式、案例教学模式等。第一，教师在使用探究式教学模式过程中时，应把课程学习的主要内容和逻辑框架讲解清楚，针对其学习的内容，提出需要学生研究的问题提供主要的参考文献和研究方法指导，然后组织引导学生在课堂上讨论他们的研究成果，并进行适当的点评和总结。这样有利于激发学生学习的积极性，提高他们的研究能力。第二，教师在教学过程中使用案例教学时，首先应呈现案例，其次让学生解读案例，最后师生共同讨论案例。在这个过程中通过交流和辩论，可以使学习者对问题有着更为全面的认识，拓展学生的思维。与此同时，教师应利用现代信息技术，推动以自主、探究、合作为核心的学习方式的变革，努力提升小学教育专业硕士的创新能力、探索能力和学习能力，积极转变课堂教学观念，大胆尝试教学改革，实现以学生为中心的教学方式的转型。打破基础教育与高等教育很少往来、各自为政的格局，实现不同层次、不同阶段教育发展的协调探索“双维驱动、并联进行”的教师培养新途径，从而全面提高全日制小学教育专业硕士的质量。①

三、建立严格考核程序，完善双导师制度

小学教师不仅需要扎实的专业知识，而且要具备突出的实践能力。目前我国大部分培养单位都依据《全日制教育硕士专业学位研究生指导性培养方案》实行双导师培养制度。但很多培养单位的“双导师制度”都名存实亡，并未发挥它的实效性。因此，培养单位应建立严格考核程序，完善双导师制度，提高导师队伍的质量。在实行双导师制度时，应遵循合作原则、过程管理原则、实效性原则、借鉴等原则。第一，应制定遴选、任务

---

① 李中国．综合实践型教师培养模式研究 [M]. 山东人民出版社，2013：1-5.

与职责、考核与评价、薪酬与奖励等各方面的细则。制度与规定的描述应坚持具体化、明晰化和可操作化。实行动态管理，引入淘汰模式，遴选学术性和实践性兼备的优秀教师指导教育硕士。第二，鼓励和引导对基础教育有着浓厚兴趣和精深造诣的高校教师作为校内导师，督促他们对研究生进行理论素养的培育和学术规范的指导。第三，要遴选学科知识扎实、教学经验丰富、管理能力出众的小学教师作为校外导师，细化校外导师的权利和义务，强化校外导师的业务培训，提升校外导师的薪资待遇，创新校外导师的指导方式，努力使双导师制度的作用在理论与实践上得到实质性的发挥，不断夯实小学教育专业硕士的基础与理论功底。

四、通过 U—S 共生性合作，为实践教学注入营养

U—S 共生性合作是通过大学与小学合作，促进教师教育发展，旨在通过大学与小学的有效沟通与融合，共同促进教师教育的一体化发展。小学是培养教师智慧的最理性的场所，具有培养教师专业能力的绝对优势。教学实践板块是培养小学教育专业硕士的血脉，而如今很多培养单位在此环节的培养中都处于贫血的状态。因此，可以通过 U—S 共生性合作，与实践基地小学建构 U—S 共同体，为实践教学环节注入营养。

第一，要选择固定的基地学校，并聘请这些小学的教学名师或骨干教师担任高校的兼职教师，让他们承担一定的实践类课程的教学工作，切实有效地培养胜任小学教学的教师。

第二，U—S 共生性合作可以为小学教育专业硕士提供真实的教育场域——小学。在小学中，学生可以充分理解与感悟小学的教育教学工作及其规律；可以与小学教师、小学生进行面对面的交流与沟通，了解小学教师的工作内容等，这样为他们将来走上小学教师的岗位做好充分的能力与心理准备。

第三，应采取专业理论教学与实践教学交叉式进行。首先在进校的第一学期，系统学习各类理论知识。在第二学期前半学期，让学生参与实际教学问题发现与反思和其他实践教学活动。后半学期则集中授课，让学生针对教学实践过程中遇到的问题进一步地深入系统学习。这样的安排有利于学生从实践教学中进一步深化对理论知识的理解，从而能够不断提升学生分析与解决问题的能力。其次，在第三学期，安排学生进入校外实践基地实习。第四学期，可以选择在校外顶岗实习，同时完成毕业论文。这种将理论和实践融合的方式，可以实现实践和反思的循环往复，促进学生教学反思能力的提高。

参考文献

[1] 李中国 . 综合实践型教师培养模式研究 [M]. 山东人民出版社，2013.

[2] 李中国，黎兴成 . 我国高校教师教学研究的热点状况分析——基于 2005-2015. 年 CNKI 文献的共词分析 [J]，教育研究 . 2015（12）.

[3] 顾国兵，小学教育专业课程设置的主要困境与破解方略 [J] 教师教育，2013（01）：49-53.

[4] 辛涛，姜宇，王烨辉 . 基于学生核心素养的课程体系结构建构 [J]. 北京师范大学学报（社会科学版）2014（1）：5-11.

[5] 教育部教师工作司 . 小学教师专业标准（试行）解读［M］. 北京：北京师范大学出版社，2013.

[6] 李中国 . 从附属到联盟：教师专业发展场域变革思考 [J]. 教育发展研究，2011（2）.

[7] 王智秋 . 小学教育专业人才培养模式的研究与探索 [J]. 教育研究，2007.

[8]《中国学生发展核心素养》项目组：中国学生发展核心素养（征求意见稿）[R].2016-1-29.

[9] 惠中 . 基于“标准”的小学教师核心素养的培育［J］. 中国德育，2017（5）.

[10] 郑友训 . 教师教育一体化课程建构的理论与实践 [J]. 课程 · 教材 · 教法，2006（2）.

[11] 高闰青 . 卓越教师”三位一体”协同培养模式的实践探索 [J]. 课程 · 教材 · 教法，2015（7）.

[12] 徐丽 . 全日制教育硕士培养模式研究 [D]. 沈阳：沈阳师范大学（硕士学位论文），2013.

[13] 构建实践取向的教师教育模式 [N]. 中国教育报，2008-11-24:（3）

[14]（日）佐藤学著，陈静静译 . 教师花传书:专家型教师的成长 [M]. 华东师范大学出版社，2016.9.33.

[15] 叶澜 . 思维在断裂处穿行——教育理论与教育实践关系的再寻找 [J]. 中国教育学刊，2001（8）.

[16] 王艳玲，苟顺明 . 基于《教师教育课程标准（试行）》的高师教育学课程开发 [J]. 课程 . 教材 . 教法，2013（3）.

[17] 詹小平、谢培松，培养高素质小学教师的途径及其探索——以湖南第一师范学院为例，高等教育研究，2010（8）.

[18] 崔允廓：素养：一个让人欢喜让人忧的概念 [J]. 华东师范大学学报（教育科学版），2016（1）.

[19] 崔允漷：追问“核心素养”[J]. 全球教育展望，2016（5）.

[20] 钟启泉：基于核心素养的课程发展：挑战与课题 [J]. 全球教育展望，2016（1）.

[21] 靳玉乐、肖 磊．教师教育课程改革的价值诉求 [J]．教育研究，2014（5）

[22] 钟启泉．为了未来教育家的成长——论我国教师教育课程创新的课题［J］．教育发展研究，2011（18）．

[23] 万勇．关于教师地位的建议 [J]. 外国教育资料，1984，（4）．

[24] 朱淑华，唐泽静，吴晓威．教师知识结构的学理分析——基于对西方教师知识研究的回溯 [J]. 外国教育研究，2012，（11）

[25] 师曼，刘晟，刘霞，周平艳，陈有义，刘坚，魏锐 .21 世纪核心素养的框架及要素研究 [J]. 华东师范大学学报（教育科学版），2016，03：29-37+115.

[26] 李中国．科学课教师胜任特征模型实证性研究 [J]. 教育研究，2011（8）：74-80.

[27] 李中国，黎兴成．教师教育学科的建设逻辑 [J]. 教育科学，2018（6）．

[28] 李中国，汤纺杰．教师队伍建设与中国教育现代化 [J]. 教育研究，2017（12）：152-154.

[29] 李中国．卓越小学教师培养的要点解析与推进建议 [J]. 教育研究，2016（10）：156-159.

[30] 教育部．关于全面深化课程改革落实立德树人根本任务的意见 [z].2014.

[31] 习近平．做党和人民满意的好老师— 同北京师范大学师生代表座谈时讲话 2014-09-10.

[32] 中国教育报评论员．教师要当好学生的“引路人”—五论学习贯彻习近平考察北京市八一学校重要讲话精神 [N]. 中国教育报，

2016-09-15.

[33] 谢凡，陈锁明 . 聚焦教师核心素养 勾勒“未来教师”新形象——中国教育学会小学教育专业委员会 2016 学术年会暨第三届小学教育国际教育研讨会综述 [J] 中小学管理，2016（11）：35-38.

[34] 崔铭香 . 青年农民工的生存境遇与学习行为研究 [M]. 北京：中国社会科学出版社，2015.

[35] 李中国，黎兴成 . 职业教育扶贫机制优化研究 [J]. 国家教育行政学院学报，2017（12）：88-94.

[36] 中国政府网站 . 教育部 财政部关于实施“中小学教师国家级培训计划”的通知 [EB/OL].

http：//www.gov.cn/zwgk/2010-06/30/content_1642031.htm.2010-06-11.